La tragedia desde una perspectiva contemporánea

Esquilo, Shakespeare,
Freud y otros

Marta Merajver Kurlat

Jorge Pinto Books, Inc.

JORGE PINTO BOOKS

La tragedia desde una perspectiva contemporánea. Esquilo, Shakespeare, Freud y otros
Copyright © Marta Merajver Kurlat.

Derechos de la edición © Jorge Pinto Books Inc. 2021. http://pintobooks.com

Todos los derechos reservados. Quedan prohibidos la reproducción total o parcial de esta publicación, su almacenamiento bajo cualquier sistema que permita su posterior recuperación, y su transmisión por medios electrónicos, mecánicos u otros así como su fotocopiado o grabado sin previa autorización del editor, otorgada por escrito. Asimismo, de no mediar dicha autorización por parte de Jorge Pinto Books Inc. 3101 New Mexico Av. NW 20016 USA, este volumen no puede ser prestado, revendido, cedido en alquiler ni enajenado comercialmente bajo ningún otro formato de encuadernación o portadas que difieran de aquel en la cual se encuentra publicado.

Imagen de la portada: Teatro Olímpico, en Vicenza, Italia construido en 1580, es considerado como el teatro más antiguo del mundo, El teatro fue diseñado por Andrea Palladio. Fotografia por H.H. 2014
Composición tipográfica: iStudio Publisher
ISBN: 978-1-934978-78-8

La tragedia desde una perspectiva contemporánea

Contenido

La tragedia desde una perspectiva contemporánea

I. INTRODUCCIÓN

II. TRAGEDIA Y MITO

III. LA TRAGEDIA Y NOSOTROS

IV. LA CASA DE ATREO

V. ANTÍGONA

VI. ELECTRA

VII. LA SEGUNDA MUERTE

VIII. EL HIATO EN LA TRAGEDIA

IX. REGRESO DE LA TRAGEDIA

X. HAMLET EN LA PERSPECTIVA CONTEM-PORÁNEA

XI. NOTAS PRELIMINARES SOBRE MACBETH

XII ANÁLISIS SOBRE UN RECORTE DE MACBETH (ACTO II)

XIII. MACBETH ACTO III

XIV. REY LEAR

XV. OTELO EN FREUD

XVI. ALGUNAS REFLEXIONES SOBRE ROMEO Y JULIETA

XVII. FRANCIA

XVIII. SHAKESPEARE EN FREUD I

XIX. SHAKESPEARE EN FREUD II

XX. EL FIN DE LA TRAGEDIA

La tragedia desde una perspectiva contemporánea

INTRODUCCIÓN

Esta autora, cuya fascinación por los libros comenzó de muy pequeña, a tal punto que se trepaba a las sillas para alcanzar los estantes más altos de la vasta biblioteca de sus padres, detesta los prólogos, introducciones, prefacios, y cualquier otro recurso que se interponga entre ella y lo que ha elegido leer. ¿Por qué? Pues porque estos artilugios suelen hablarnos del texto como si ya lo conociéramos, lo cual resulta desconcertante por no decir irritante. A su debido tiempo, la niña decidió que era más productivo dejar esos anticipos para el final y, ya a cargo de clases numerosas, instruyó a sus alumnos en el mismo sentido, lo cual facilitó considerablemente el abordaje de las obras.

Entonces, puesta a escribir una introducción, me dispongo a hacer algo distinto. Aquí va.

Los escritos que integran el presente volumen nacieron como clases o conferencias destinadas a psicoanalistas poco familiarizados con temas literarios que, créase o no, resultan cruciales para la clínica. Podría pensarse que un sólido conocimiento de la teoría psicoanalítica bastaría para ejercer la profesión con solvencia. Sin embargo, recordemos que Freud estableció la necesidad de incluir la literatura y la mitología como materias de una hipotética Facultad de Psicoanálisis. Y ello porque ese saber no sabido que Lacan atribuye al analizando se encuentra de manera magistral en los grandes autores de tiempos pre-analíticos. Desde Esquilo en adelante, la esencia de la naturaleza humana y del inconsciente habla a quien sepa escuchar. Los primeros destinatarios de mi discurso –aunque no exclusivos, ya que está al alcance de cualquier espíritu inquieto– recorrieron un camino inverso al mío. Ellos, formados ya en el psicoanálisis, se asomaban a una visión particular de la literatura, y digo particular no porque fuera sesgada, sino porque servía al propósito del descubrimiento antes que al del entretenimiento. Yo, en cambio, crucé desde la literatura y el mito hacia el psicoanálisis. Encontré que todo, o casi todo, ya había sido dicho, principalmente por ciertos autores teatrales, y que la novedad de la disciplina inaugurada por Freud y continuada por otros consistía en clasificar y categorizar conceptos que, hasta entonces, habían poblado el mundo sin portar un nombre.

Mucho me sorprendió que los analistas hubieran leído "acerca de" o, en el mejor de los casos, fragmentos de las obras. El motivo era, aparentemente, que se trataba de textos antiguos, cuyo lenguaje y formato arcaico resultaban poco comprensibles y pesados y que, de todos modos, lo útil habría sido extraído y recortado por Freud, Jung, Lacan, o quienquiera fuese la cabeza del marco teórico al que adherían.

Vengo hablando de literatura y. sin embargo, esta antología sólo toma en cuenta la tragedia, desviándose unos centímetros en el caso de *Romeo y Julieta*. Pero siempre se trata del teatro. Varias razones validan la elección del género. En primer lugar, precisamente la queja sobre lo antiguo. Me interesaba mostrar que la escritura teatral, segunda forma del arte literario después del poema, contenía todos los elementos que, expresados de manera diferente, se escuchan en los consultorios.

Digo mostrar, no enseñar. Aunque ambos términos pueden significar lo mismo, en el ámbito educativo suele creerse que el maestro imparte conocimiento –enseña– y el alumno aprende –o no. En mis largos años de docencia, nunca estuve de acuerdo con esta visión binaria del proceso. Fiel a mis convicciones, lo cual me ocasionó no pocas discusiones con los metodólogos ortodoxos, siempre insistí en que la función del maestro es abrir ventanas a paisajes diversos; dar a quienes escuchan la posibilidad de asomarse a ellas y ver tan lejos como su deseo se lo permita. Nada más, pero tampoco menos. Algunos de mis alumnos vieron más lejos que yo, y no hubo orgullo mayor que haber contribuido a ello, Otros no se enteraron de que había algo más allá de la ventana. Y otros ni siquiera lograron ver la ventana, la apertura hacia otros modos de pensar y decir. En suma, lo que llaman "aprender" es apropiarse de lo desconocido, tamizarlo a través de diversas operaciones mentales, y convertirlo en familiar.

Este fue mi propio proceso también. Leí y releí los temas que acá ofrezco –y muchos otros – infinidad de veces, por mi cuenta en ocasiones y bajo la guía de maestros extraordinarios en otras. Cada lectura, en distintos momentos de la vida, abría el campo de la comprensión. Y si bien para alguna escuela psicoanalítica no se trata de comprender, a mí, como autora de ficción, me interesaba y me interesa comprender qué pasiones, creencias, temores, sentimientos, y tumulto inconsciente nos mueven a tal o cuál acción, o reacción, o inacción. En la literatura encontré respuestas. No todas, claro. Debemos aceptar que determinadas preguntas carecen de respuesta, y sostenerlas de todos modos. Nuestra naturaleza se sume en la angustia ante los interrogantes de este tipo, lo que nos lleva a construir narrativas que, dando sentido a lo que no lo tiene, nos permiten seguir adelante. Y a menudo extrapolamos nuestras narrativas personales de la literatura a la vida…¿o quizás sucede al revés? Hacemos a un lado la voz interior que nos advierte que estamos creando una ilusión, un espejismo.

Hablemos un momento de la voz. El teatro es voz, voces, por excelencia. Parece un contrasentido leerlo. No obstante, aquello que se dice sobre un escenario transcurre a una velocidad tal que es imposible registrar los matices del lenguaje, la elección del léxico, los significados latentes, y la carga emocional de las partes y el todo. Bajado el telón, quedamos con una impresión de lo que hemos presenciado y, tal vez incorporemos alguna situación en particular, por lo general aquella que mejor se relaciona con algo propio, donde encuentra un eco repetitivo. No me refiero exclusivamente a un fenómeno de identificación, sino también de rechazo, cuando aquello que perdura en nuestro recuerdo nos repugna, como podría suceder cuando, por caso, se pone en juego el parricidio.

Por estas razones los escritos aquí compilados intentan alentar la lectura de las obras, en pos de que no se pierda mucho de lo que los autores efectivamente comunican.

El ordenamiento de los textos no es cronológico respecto de los momentos en que fueron expuestos oralmente, sino que prefer comenzar por el principio natural de la tragedia para luego mostrar algunos casos particulares que la ilustran. Antes de invitar al lector iniciar su viaje en el mundo fascinante del género trágico, rest advertir que la bibliografía de apoyo se reduce estrictamente a la que consulté para la preparación de estas clases y conferencias. As muchos nombres y conceptos aparecen sólo dentro del texto, po haber pasado a él desde mi memoria, sin que mediara una búsqueda laboriosa de quién dijo qué y dónde lo hizo. Citando a J.R.R. Tolkien "[…] alimentándome del humus de la mente […]"
Ahora sí, ¡feliz y fructífera travesía!

MARTA MERAJVER KURLAT

TRAGEDIA Y MITO

Me interesa fundamentalmente despejar ciertos sobreentendidos y malentendidos a los que estamos acostumbrados, y situar la tragedia en el ámbito al que naturalmente pertenece, para lo cual es necesario rever las imágenes que evoca la frase 'tragedia griega', donde se ubica el origen del tema que nos ocupa. Comenzando por el último término, el uso de 'griega', o Grecia, es una generalización poco feliz, en tanto lleva a pensar en una unidad geográfica, política, y cultural que sólo sobrevendría muchísimo más tarde, en 1827. Hasta esa fecha, lo que denominamos anacrónisticamente 'Grecia', y cuya área continental llevaba el nombre de Hélade, no era sino una sucesión de diversas civilizaciones que fueron imponiéndose unas sobre otras: primero, la minoica insular,/1 la micénica, la ateniense, y muchas otras que, bajo la forma de ciudades-estado, fueron eclipsadas por Tebas y luego reunidas durante un corto lapso bajo la conducción de Macedonia en manos de Alejandro Magno, dando lugar a la llamada era helenística, que persistió hasta que todos los territorios fueron sometidos por el Imperio Romano en 146 D.C.

Este brevísimo y sin duda insuficiente paneo sobre la evolución del territorio viene a cuento porque la tragedia no es común a todas las zonas involucradas. Lo que sí se compartía era el asunto tratado en la tragedia: el contenido; un contenido derivado de las relaciones míticas en las que se entrelazaban áreas geográficas totalmente independientes.

Si miramos, entonces, los contenidos, descubrimos que en la tragedia, como forma de expresión, no priman los aspectos artísticos o estéticos –y no es que no los haya– sino que, con las pocas excepciones que comportan aquellas que dan cuenta de hechos históricos, se trata en última instancia de una forma de transmisión de los mitos anteriores y posteriores a las invasiones indoeuropeas o arias ocurridas en el tercer milenio A.C. Llamados aqueos, dánaos, o argivos por Homero, estos pueblos de origen heteo, hitita, descendientes de Heth, un cananeo biznieto de Noé según la Biblia, se establecieron primero en el Peloponeso y fueron conquistando los enclaves helénicos hasta imponer su propio modo de vida, modificando asimismo el culto que encontraron a su arribo.

Seguramente deben estar ustedes preguntándose a qué viene tanta insistencia con la historia. Es que no hay modo de entender el núcleo vivo de la tragedia clásica a menos que se la encuadre entre dos ejes: el de la evolución histórica de la que proviene y se alimenta, y el que corresponde a los mitos que la sustancian. Lo que nosotros llamamos mitos en este contexto es una manera de recubrir el hecho de que nos estamos refiriendo a religiones que fueron luego suplantadas, absorbidas, o reemplazadas por otras. Si bien las tragedias componen un relato de los mitos, habría que preguntarse por el motivo. De no hacerlo, nos quedamos en la superficie de las obras, o emprendemos una interpretación que probablemente sirva para ejemplificar determinados desarrollos teóricos que se valen de las literaturas, pasando por alto su sentido original. Se deduce, entonces, que sería lógico adentrarse en los mitos antes de abordar la tragedia, algo que no podemos hacer en esta ocasión porque necesitaríamos de un curso especialmente dedicado a ellos. Sin embargo, vamos a puntuar algunas cuestiones para no perder el norte en la apreciación –término que yo prefiero al de 'análisis'– de las tragedias inaugurales. En primer lugar, desechemos la idea de que los mitos empiezan y terminan en el 'cuentito', y de que los antiguos pelasgos, primeros habitantes de la Hélade en la zona del Egeo, y los helenos provenientes de Ilyria (Península Balcánica, Albania) en sucesivas invasiones o migraciones, eran pueblos ingenuos, en una etapa de desarrollo 'infantil', adeptos a un sistema religioso compuesto por múltiples divinidades. Muy por el contrario, los pelasgos constituían una sociedad monoteísta y matriarcal, cuya diosa, conocida, entre otros, bajo el nombre de Diosa Blanca, era vista bajo los aspectos de la doncella, la madre, y la anciana, es decir, la mujer antes de volverse núbil, la mujer en estado de concebir, y la mujer pasado su período fértil. Estos tres aspectos se reunían, de manera práctica, en un nombre alternativo, el de Diosa Triple, que dio pie a la suposición de una civilización politeísta. Sin embargo, el vulgo de entonces, como el de ahora, revestía los simbolismos encerrados en los distintos aspectos de la divinidad con las mismas pasiones que regían sus propias vidas, terminando por crear dos mundos en espejo, aunque magnificados respecto de las dimensiones, tanto en el estrato superior (el Olimpo), como en el subterráneo (el Hades, la tierra de los muertos)/2. Les pido que tengan presente el tema, pues se pone de manifiesto en las tragedias de manera abierta o encriptada, según de qué autor se trate. Este reduccionismo supersticioso, simplista, y pedestre de la religión le costó muchos disgustos a Eurípides, como veremos luego.

Con las invasiones indoeuropeas arriba una sociedad patriarcal que trata de imponer, como mejor puede, su propio sistema religioso. De ahí los relatos de los 'matrimonios' entre dioses y diosas y los 'prohijamientos' partenogenéticos de ciertos aspectos de la Diosa por los dioses importados, junto con el sojuzgamiento de los habitantes primitivos. También sería una simplificación afirmar que el nuevo sistema es politeísta. En esencia, se trata de una forma avanzada del animismo, donde a cada fenómeno de la naturaleza se le atribuye un nombre diferente, y a este nombre se lo inviste con características antropomórficas y 'poderes' derivados de la observación incomprensiva de los fenómenos. Esta amalgama de las creencias también se encuentra ampliamente reflejada en las tragedias.

Por último, para terminar con esta brevísima aclaración sobre los mitos, vamos a servirnos de la teoría estructuralista propugnada por Claude Levy Strauss al respecto; es decir, una visión del mito como un sistema complejo de partes interrelacionadas. Levy Strauss no se refiere específicamente a los mitos griegos en su desarrollo, si bien el ejemplo que toma, por ser el que supone más conocido por el público, es la historia de Edipo. Es interesante que este pensador afirme que el mito integra la lengua, y que pertenece al discurso porque se lo conoce mediante el habla. Digo que es interesante porque la tragedia primigenia pertenece también al orden del discurso antes que a cualquier otro, como veremos cuando llegue el momento de abordarla. Siguiendo a Levy Strauss, un mito se refiere siempre a acontecimientos pasados, aunque su valor intrínseco reside en que conforma una estructura permanente que involucra simultáneamente el pasado, el presente, y el futuro. Desde mi propio pensamiento, estas tres categorías temporales hacen a la inmanencia del objeto, sin perder de vista que lo que llamamos futuro pertenecería al campo de la ideación, puesto que, a diferencia del pasado y del presente, la experiencia del futuro es inasible, salvo como presente primero y como pasado después. El futuro es predicción en ciertos casos y expresión de deseo en otros, pero no puede vivirse en tanto tiempo, ni mucho menos recordarse, mal que le pese a Erich von Däniken y a sus *Recuerdos del futuro*. El tiempo mítico, entonces, es diacrónico y sincrónico a la vez, mientras que el tiempo histórico corre sobre una sola coordenada. Voy a mencionar un concepto que no vamos a desarrollar ahora, sólo para que haya oportunidad de pensarlo. Solemos decir que "el tiempo pasa". Yo no acuerdo con esto. Mi hipótesis es que el tiempo es una variable independiente, o un elemento cíclico, si quieren. Somos nosotros quienes pasamos por el tiempo. Él estuvo ahí antes de nuestro advenimiento, y seguirá ahí después de nuestra partida. Es claro que como esta idea puede resultar perturbadora, es más tranquilizador verlo al revés. Volvamos a Levy Strauss. Nos dice que la sustancia del mito no se encuentra en el estilo ni en el modo de la narración, ni en la sintaxis, sino que opera en un lenguaje de nivel tan elevado que logra despegar, en un sentido aeronáutico, del basamento lingüístico desde el cual empieza a deslizarse. Para decirlo de un modo más sencillo, la sustancia del mito nace soportada sobre el lenguaje, pero se realiza por encima —es decir, por fuera— de él.

Las conclusiones preliminares a las que llega Levy Strauss son las siguientes:
1) Si los mitos tienen un sentido, éste no puede depender de los elementos aislados que entran en su composición, sino de la manera en que estos elementos se encuentran combinados.
2) El mito pertenece al orden del discurso, del cual forma parte integrante, aunque el lenguaje de ese discurso, tal como se lo utiliza en el mito, manifiesta propiedades específicas.
3) Dichas propiedades sólo pueden ser buscadas por encima del nivel habitual de la expresión lingüística, pues implican un orden superior de complejidad.

Si se admiten estos tres puntos, aunque sólo sea a título de hipótesis de trabajo, resultan dos consecuencias muy importantes:
1) Como toda entidad lingüística, el mito está formado por unidades constitutivas.
2) Estas unidades constitutivas implican la presencia de aquellas que normalmente intervienen en la estructura de la lengua: los fonemas/$_3$, los morfemas/$_4$, y los semantemas/$_5$. Cada una de estas unidades difiere de la precedente por un grado más alto de complejidad. Por esta razón, los elementos propios del mito, que llamó unidades constitutivas mayores, o mitemas, necesitan de procedimientos especiales para ser reconocidas y aisladas, puesto que no son asimilables a las otras unidades del discurso. Será necesario buscarlas en el plano de la frase, mientras que las demás son ubicables en el plano de la palabra.

Ya resumiendo, digamos que Levy Strauss postula que las

unidades constitutivas del mito no son relaciones aisladas, sino 'haces de relaciones', y que sólo cuando estos haces se combinan, las unidades constitutivas adquieren una función significativa. Quisiera llamar la atención hacia lo que se entiende por 'haz' en física: un conjunto de elementos x, a veces paralelos y no necesariamente convergentes, que van en el mismo sentido y en la misma dirección, recordando que sentido refiere a la trayectoria o línea por la que se desplazan mientras que la dirección indica hacia dónde se desplazan.

Entonces, dicho en otras palabras: el mitema es el carozo esencial, irreductible, e invariable de un mito, similar a un mimema, o unidad de información cultural, como podría ser una idea o práctica social transmitida de un individuo a otro oralmente o mediante la repetición de la acción misma. Se lo encuentra siempre en relación, y las combinaciones resultantes poseen elementos compartidos, de lo cual se infiere que tienen un origen común. Las combinaciones más significativas son las que relacionan narraciones pertenecientes a civilizaciones diferentes, como es el caso de los mitos de Adonis y Tamuz (en Sumeria y Babilonia respectivamente), o el diluvio bíblico y el diluvio helénico del que sólo se salvaron Deucalión, hijo de Prometeo, y su esposa Pyhrra, con arca y todo. Antes de ver su inserción en la tragedia, y para mostrar que existen concepciones diferentes, digamos que Roman Jakobson le niega al mitema significado propio, y afirma que es el análisis sociológico el que podría atribuírselo.

Centrándose de manera más directa en los mitos griegos, Robert Graves insiste en la importancia de distinguir entre el mito 'puro' que, en su opinión, es siempre una reducción de los rituales religiosos centrados en la magia arcaica, cuyo exclusivo propósito residía en promover la fertilidad o estabilidad de un reino, y otras doce construcciones que se acogieron al abrigo generoso del manto ofrecido por el mito, y que incluyen las siguientes:

1. Alegorías filosóficas
2. Explicaciones de leyendas cuya comprensión quedo trunca por elementos perdidos
3. Sátiras y parodias
4. Fábulas sentimentales
5. Historia entremezclada con elementos fantásticos
6. Trovas
7. Propaganda política
8. Leyendas morales
9. Anécdotas humorísticas
10. Melodrama
11. Saga heroica
12. Ficción realista

La mejor forma de no confundirse entre estas doce formas que seguiremos llamando 'mitos' es tener en cuenta los sistemas políticos y religiosos de la Europa Neolítica anterior a las invasiones arias o indoeuropeas provenientes del norte y del este. Toda Europa compartía un sistema religioso homogéneo basado en el culto a la Diosa Madre, o Diosa Triple, o Diosa Blanca, con la región del Medio Oriente y norte de África.

La primera conclusión es, entonces, que la idea de 'mito' como se lo entiende generalmente es posterior a la instauración del judeo-cristianismo institucionalizado y que implica una descalificación de las religiones antiguas que éste vino a reemplazar. La segunda y obvia conclusión es que en toda sociedad conviven diversas formas de culto –y de otros sistemas que no son nuestro tema ahora– hasta que, pasadas muchas generaciones, las más antiguas se desvanecen de la práctica para dar lugar mayoritario a las más recientes. Esto viene a cuento de que la antigua religión de la Diosa no desechó los elementos de la magia arcaica, recordando que el paso hacia la religión desde la magia se sostenía en que la magia se afirmaba sobre la creencia de que el hombre influenciaba al destino y operaba sobre la naturaleza, mientras que la religión invertía la ecuación, otorgando el poder a lo incontrolable de las fuerzas naturales

Vamos ahora a indagar el nacimiento de la tragedia. Existe una creencia compartida por nombres casi desconocidos, a la que adhiere Aristóteles, de que la tragedia deriva del ditirambo, o himno coral que se cantaba a Dionisos, y justificada por la combinación de *tragos* (cabra) y *oidie* (canción). Aparentemente, en algún momento del siglo VI A.C. las leyendas de Dionisos fueron suplantadas por las aventuras de los héroes. Pero esto ocurre cuando Atenas ya había desplazado en poder al resto de las ciudades estado, de modo que si bien la forma trashumante recorría otros territorios –el famoso carro de Tespis– Atenas fue la cuna de todas las formas teatrales. Para los atenienses, el teatro tenía una importancia vital, pues constituía la culminación de sus rituales religiosos y cívicos. No se trataba de un hábito cotidiano, sino que estaba limitado a ciertos días fijos de cada año, y animado de un propósito especial que veremos en unos momentos. Pues no podemos pasar por alto que en los albores del s. XX William Ridgeway propuso, con sólidos argumentos, que la tragedia no se relacionaba con la culminación de los festivales dionisíacos, sino con el culto de los muertos y que, en todo caso, como la condición divina de Dionisos no advino sino a su muerte, puesto que, como tantos otros personajes que instruyeron a sus semejantes en el aprovechamiento de los recursos naturales, adquirió la condición de *héroe*, i.e., un hombre investido post-mortem con la condición divina, esta teoría explica mejor la relación al origen.

En tanto la tragedia se relacionaba indisolublemente con un lugar físico: el teatro, necesitamos conocer el significado de esta palabra. *Theatron* contiene la raíz del verbo *theastai*, que significa "observar como espectador". Aristóteles, en cuya poética nos basamos para extraer el sentido general de la tragedia, escribió en los años 300 A.C., mientras que Esquilo, el padre de la tragedia, lo hizo en los años 500, y Eurípides y Sófocles en los 400. La importancia de la diferencia en las fechas reside en que todo lo dicho por Aristóteles, entonces, no es prescriptivo, es decir, no indica el 'deber ser' de la forma, sino descriptivo; lo que él dedujo, infirió, o teorizó a posteriori.

En un momento anterior, nos preguntamos por el motivo o propósito. Según Aristóteles, la tragedia, compuesta por la *lexis* (la palabra) y la *opsis* (los elementos visuales) se propone despertar la piedad y el temor de los espectadores, ofreciendo algo con lo que puedan identificarse, terminando en una catarsis, o purificación, no está muy claro si de las pasiones o del espectador. Cuando habla de las proverbiales unidades de tiempo, acción, y lugar, Aristóteles no toma en cuenta el antes de los relatos, inmersos en mitos familiares a los contemporáneos de los trágicos, pero mayormente desconocidos para el espectador o lector común de épocas posteriores. No habría razón para los acontecimientos aciagos que sobrevinieron a Edipo y su familia en la obra de Sófocles si se desconocen los mitos del ciclo de Tebas, y lo mismo sucede con el *Agamenón* de Esquilo si se ignoran los cantos de la Ilíada, la Odisea, y la Eneida. El fin catastrófico del protagonista, resultante de un error de juicio o del hubris, el orgullo excesivo que le hace ignorar una advertencia divina o quebrantar una ley moral, lo lleva a sufrir un castigo que en mucho excede la ofensa incurrida, pero es que ha habido ofensas anteriores encadenadas a estos finales. En la sensación de que ellos mismos podrían comportarse de manera similar, los espectadores sienten piedad, y la severidad del castigo infunde el temor supuestamente buscado.

Todo esto es muy razonable si no tenemos en cuenta la noción de predestinación que atraviesa las diversas etapas de la religión de entonces. Esta noción es insoslayable, lo cual se traduce en que el error de juicio, advertido y todo, no podría haberse evitado, y que cuando se trató de evitarlo –el caso de

Edipo huyendo del que creía su hogar para evitar asesinar a su padre– fue para caer de cabeza en el destino que se le había asignado, en tanto a Edipo, por decirlo de manera liviana, le faltaba cierta información fundamental respecto de su familia. Visto así, piedad y temor revierten sobre la inescapabilidad al destino, al *fate* de los ingleses, a lo fatal, a lo letal del poder suprahumano sobre el hombre.

En cuanto a la forma, una tragedia antigua se estructura así:

• Prólogo
• Parodos (lugar de entrada del coro y personaje/personajes y/o apertura verbal)
• Primer episodio
• Primer stasimon (canción del coro sin interrupción del diálogo)
• Segundo episodio
• Segundo stasimon
• Tercer episodio
• Tercer stasimon
• Cuarto episodio
• Cuarto stasimon
• Éxodo

Esquilo, el llamado 'padre de la tragedia', nació en 525 A.C.? en la ciudad de Eleusis. No se trata de una ciudad cualquiera. Allí se celebraban los Misterios de Demeter, uno de los aspectos de la Diosa, de los cuales, como puede suponerse, participaban exclusivamente las mujeres. Cuenta Esquilo que en sus sueños se le apareció Dionisos y le ordenó que escribiera tragedias, a lo que se dedicó obedientemente y "sin dificultad".

En aquella época, la incipiente experiencia teatral se componía mayormente de poesía coral acompañada por la danza como forma expresiva. Ambas actividades eran llevadas a cabo por el coro, que ocasionalmente entraba en diálogo con un único actor que interpretaba diversos personajes mediante el cambio de máscaras. Decimos precisamente que la tragedia nace cuando un miembro del coro toma un lugar propio en la arena y se diferencia así del resto. Esquilo introduce un segundo actor, e involucra al coro directamente en la acción. De las más de noventa obras que se dice escribió Esquilo, sólo siete parecen haber sobrevivido: *Las suplicantes*, *Los siete contra Tebas*, *Los Persas*, que refleja una experiencia autobiográfica y presenta el primer ejemplo conocido de la introducción de espíritus o espectros en escena, *Prometeo encadenado,* y *La Orestíada*, compuesta por *Agamenón, Las coéforas,* y *Las Euménides*.

Se calcula que Sófocles nació en 495 a.C. en las cercanías de Atenas. A los 28 años, luego de haber estudiado la totalidad de las artes –lo que en nuestros días compendiaría el arte y las humanidades– participa por primera vez en el Festival Dramático de Dionisos, que se celebraba en Atenas, y obtiene el primer premio con su tragedia *Triptolemo*, un personaje que, según el mito, transmitió a los hombres el uso del arado y el arte de sembrar, previa autorización de Demeter de familiarizar a los humanos con el aprovechamiento de la tierra. El personaje mítico sobre quien ronda esta obra tiene carácter de semidiós, mediando entre lo divino y lo humano, pues el mito lo considera hijo de Gaia y Océano, es decir, de la tierra y el mar, que equivale a decir que es el 'hombre primordial' o el 'primer creado' dentro de la tradición matriarcal.

Los aportes de Sófocles a la tragedia permitieron evoluciones importantes: agregó un segundo y un tercer actor y redujo la importancia del coro en el relato del argumento, promoviendo que éste se desarrollara a través del diálogo entre personajes identificables. Introdujo, además, una incipiente escenografía para aumentar la espectacularidad de la obra, pues siendo él mismo actor, pensó que era necesario apoyar la palabra con elementos visuales que ayudaran al espectador a distraer menos su atención imaginando la escena para así poder concentrarse mejor en los sucesos y acciones.

Respecto del lenguaje, se ha dicho que la majestuosidad cuidadosamente elegida evitaba la excesiva fraseología de Esquilo y la vulgaridad de Eurípides. En cuanto al manejo de los temas, los críticos coinciden en que ningún otro comprendió tan bien el desarrollo artístico de los episodios, la función secreta de los sentimientos, la gradualidad que llevaba a la crisis final, y el golpe brutal de la catástrofe que llenaba a los espectadores de terror o compasión según el caso.

Sófocles pensaba que los únicos temas dignos de llevarse a escena eran los mitos antiguos o los poemas del ciclo épico. En aquellos casos en los que recurrió a personajes de rango inferior lo hizo sólo como instrumento de ironía para introducir una nota de color que contrastara con los aspectos trágicos, una lección muy bien aprovechada por la tragedia isabelina y francesa en tiempos muy posteriores. Este autor se declaraba "sólo el portavoz de los héroes y divinidades que lo contemplaban", anticipando así la teoría de Pirandello según la cual el autor no es sino el intermediario elegido por personajes que flotan en una nebulosa a la espera de quien les dé voz y corporeidad.

Habría que preguntarse el por qué de las elecciones temáticas de Sófocles. Veremos luego, en relación a Eurípides, que los hechos contemporáneos referidos a lo social y a lo político eran tratados por la comedia satírica. Podríamos inferir que los mitos antiguos y los héroes de las sagas épicas representan el espíritu universal del hombre visto desde la perspectiva de la época, así como su relación con los dioses y la predeterminación de su destino; un espíritu y un destino que tal vez Sófocles creía debían mantenerse vivos en la memoria, puesto que aunque su época era 'moderna' –tengamos en cuenta que fue contemporáneo de Pericles, y que ya el pensamiento filosófico, crítico y lógico sobrepasaba con creces al pensamiento religioso– al fin y al cabo lo único que habían cambiado eran las formas, pero no la estructura de las pasiones, de las ambiciones, de las traiciones, de todo lo oscuro y oculto, bueno y malo, ilustrado por aquellas antiguas historias. Sófocles decía que él escribía sobre el hombre tal como debería ser, en tanto Eurípides lo retrataba tal como era.

Entre sus tragedias mayores, vamos a mencionar *Ayax*, *Antígona*, *Electra*, *Edipo Rey*, *Filoctetes*, *Edipo en Colona*, y *Las traquinias*. Tanto *Filoctetes* como *Las traquinias* se relacionan con el mito de Heracles, si bien la primera lo hace de manera tangencial, mientras que la segunda se ocupa específicamente de los acontecimientos que llevaron a la muerte del héroe.

Eurípides, nacido alrededor de 480 a.C. en los alrededores de Atenas, tuvo mala suerte en su propia época, víctima de una impopularidad debida a que no satisfacía los gustos del público ateniense. Demasiado avanzado para su época, hacía distinciones entre religión y superstición que el vulgo encontraba ofensivas, y pensaba que la ciudad era presa de una hipocresía moral que él desaprobaba. En una época intolerante y violenta, era un pacifista librepensador y humanitario.

Le sucedió lo que a muchos de nuestros contemporáneos. Educado desde muy niño en la rigidez de la religión, y desempeñando un papel similar al de los monaguillos cristianos, aunque su rol se cumplía en el templo de Apolo, al llegar a la edad adulta cuestionó severamente la religión popular. Por otra parte, y por la posición social de su familia, estuvo expuesto a las ideas de filósofos tales como Anaxágoras, cuya visión de fenómenos observables era –conceptualmente hablando– bastante semejante a la de las ciencias desarrolladas muy posteriormente, aunque las conclusiones finales diferían. Eurípides quedó marcado por un espíritu inquisitivo que buscaba la verdad –un tema que merece una discusión aparte– y esto lo lleva a recrear, siempre dentro de los límites del mito, personajes que se ven obligados a enfrentarse a sus dilemas íntimos, por lo cual se lo llama el precursor de los dramaturgos psicológicos. Se dice que su mayor contribución al género consistió en la introducción de las características menos admirables de los héroes, mostrándolos como hombres comunes, y despojándolos de la grandeza heroica, en el sentido bélico y regio, bajo la cual eran admirados y endiosados por los atenienses. En tanto los trágicos que le precedieron se proponían reforzar las buenas razones de la construcción religiosa que había venido rigiendo los destinos de la Grecia desde la época en que se llamaba Hélade (matriarcado) hasta las invasiones aqueas y su influencia y viraje hacia la fusión y dominación de las creencias en la superioridad de la Diosa, subsumiéndola a la voluntad del Dios y sus aspectos divididos en una organización jerárquica, Eurípides se propone, a través de su teatro, poner estas ideas de cabeza, otorgando inteligencia a los personajes de condición inferior, esclavos incluidos, presentando mujeres fuertes en lugar de las lloronas del coro, un elemento que prácticamente omite, y refutando, mediante el uso de un lenguaje casi pedestre, la afirmación de Sófocles respecto de la magnificencia de la palabra como elemento constitutivo de la grandeza de la tragedia. Asimismo, se permite satirizar a muchos héroes míticos, rebajándolos a la condición meramente humana, de la que no queda exento el elemento ridículo en un análisis profundo.

Las obras de Eurípides tocan, además de los conflictos personales, los problemas sociales de su tiempo, disfrazados bajo mitos antiguos. Este continuo revisionismo, puesto en burla por los autores de comedia, le valió un juicio por herejía que lo obligó a abandonar Atenas y a cumplir con su propia predestinación. A la mejor manera de la tragedia, los perros de caza de Macedonia, donde vivió dieciocho meses como refugiado, lo destrozaron confundiéndolo con una presa durante una cacería.

Habría que aclarar aquí que el ensañamiento que le demostraron los autores de comedia, especialmente Aristófanes, se debía a que sentían que se estaba invadiendo su campo, en tanto era la comedia la que se ocupaba de tratar los temas políticos y sociales contemporáneos. Otra cosa que les molestaba era que, aunque en las obras de Eurípides primaba la estructura trágica, muchas de ellas entremezclaban pasos de comedia, lo que vemos ahora como antecesoras de ciertas formas híbridas del teatro que no responden a una clasificación rígida, buen ejemplo de lo cual es *Romeo y Julieta*.. Entre sus tragedias más notables se destacan *Alcestes*, *Medea*, *La Heracleida*, *Hipólito*, *Andrómaca*, *Hécuba*, *Las Suplicantes*, *Electra*, *Las Troyanas*, *Ifigenia en Táuride*, *Helena*, *Las Fenicias*, y *Orestes*.

Los tres dramaturgos mencionados se ajustaron, aunque no siempre, a la llamada "unidad de tiempo", que especificaba que la acción no podía extenderse por más de 24 horas. No respondían a otra justificación que a las necesidades formales planteadas por obras que requerían de la presencia constante del coro en la escena. El planteo del tiempo real, pues la totalidad del tiempo se encontraba representada, resultaba del producto del discurso, en el que irrumpía el uso del pasado para poner al espectador en antecedentes de que la acción que iba a presenciar era consecuencia de un antes, bien que bastante limitado, y para presagiar, en lo predictivo del futuro, la catástrofe –giro hacia la destrucción– que le pondría fin.

Aunque la mayoría de los temas tratados en las grandes tragedias provienen de las mismas fuentes, mientras que muchísimos otros temas míticos quedaron fuera de la elección de los autores, tenemos dos que, bajo un mismo nombre – Electra– ofrecen visiones distintas del mismo personaje, también tratado en *La Orestíada* de Esquilo. Veamos brevemente en qué reside la diferencia, no sin antes reparar en que la mayoría de estas obras refieren, curiosamente, a mujeres. En la obra de Sófocles, el nudo se encuentra en la venganza del asesinato del padre, para lo cual es necesario asesinar a la madre. La forma del discurso que trabaja el autor entremezcla hábilmente la predestinación de una casa maldita por crímenes muy viejos con la pregunta de cuánto de responsabilidad humana se pone en juego en la decisión, despuntando una separación entre fatalidad y libre albedrío que no va a ser retomada sino muchísimos años después. En la obra de Eurípides, se hace hincapié en la condición humillante a la que Electra fue sometida al ser obligada a casarse con un campesino, de modo que sus hijos, si los tiene, no puedan reclamar el trono de Micenas, y si bien la acción gira asimismo sobre la venganza, el elemento humano está dado por el descenso social de la protagonista, víctima de la madre luego asesinada, y de esta misma madre que, para salvar su vida, justifica el asesinato de su esposo por el sufrimiento que le provocó el sacrificio de Ifigenia, hermana menor de Electra, por quien Clitemnestra llama 'un padre despiadado'. Ya podemos imaginar la tensión que provoca esta defensa, en la que una hija muerta justificaría la muerte en vida a la que se condena a la otra.

Por último, no sería lícito omitir que muchas de estas tragedias se reescribieron incontables veces en tiempos posteriores, inclusive de maneras irreconocibles a simple vista. Un ejemplo flagrante de estas reescrituras es *El cóctel* de T.S. Eliot, que sigue casi al pie de la letra la *Alcestes* de Eurípides, aunque ya no se trata de una tragedia sino de una 'comedia de salón' típica de la primera mitad del s. XX, y que permite comprender por qué George Steiner no se equivoca al hablar de la muerte de la tragedia.

A fuer de repetitiva, insisto en que toda mitología –es decir, todas aquellas religiones que fueron destituidas por nuevas concepciones, y aún éstas en el caso de los no creyentes– encuentran su punto de inicio compartido en la pregunta por el origen. En el caso de los mitos importados por las invasiones arias a la Hélade, y adaptados de forma de subsumir y/o reconciliar las nuevas divinidades masculinas con el sistema matriarcal que rendía culto a la Diosa, el ciclo se cierra en la organización de los llamados 'doce dioses consentes' (los dioses mayores) organizados en una estructura jerárquica que parte de la división del mundo entre Zeus y sus hermanos, aunque aquél conserva la última palabra en caso de disenso. No nos permita esto olvidar que, respecto del destino, siempre se mantuvo una tríada independiente, a veces en calidad de Moiras/6 y otras de Erinias/7, sobre la cual Zeus no poseía jurisdicción. ¿Fuerza de lo femenino, o buena excusa masculina para no intervenir? No lo sabemos.

Una vez establecida la estructura de estos doce dioses, se van enhebrando, con el tiempo, las historias que los relacionan entre sí, que los ponen en contacto con el hombre, y que crean verdaderas sagas y genealogías sostenidas por una institución sacerdotal y jerárquica no muy diferente de la de nuestras iglesias modernas. Se une aquí la atemporalidad de las creencias con la carencia real de registro temporal. Cuando se produce el empalme de estos tiempos con el borde inferior de la historia –la guerra de Troya– ya se ha dado cuenta de todos los interrogantes para los cuales era necesario crear una respuesta que obturara la angustia/8. Digamos que se completó el sistema, un sistema de estructura ya cerrada donde toda adición habría sido, a más de ociosa, un elemento falto de lugar. Este sistema perduró, con mínimas variantes, hasta la llegada del cristianismo al Imperio Romano.

Es importante remarcar que, mientras el vulgo, como hemos dicho, creía firmemente en lo que llamamos mitos, y que estos están muy lejos de las narraciones ingenuas con que se los representa, puesto que constituyen metáforas y alegorías del ser del hombre en el mundo, los romanos, eminentemente prácticos, se valieron del legado griego para mantener un estado de poder con los dioses al tope de la pirámide, pero salvo el hombre común, que se aferraba a las creencias sin cuestionarlas a la manera supersticiosa de algunos religiosos practicantes de nuestros días, los romanos, incluido muchas veces ese mismo hombre común, conservaron las formas sin la esencia, practicando los rituales desde la conveniencia de un descreimiento que servía a sus propósitos políticos.

Entonces, cerrado el círculo de los cuestionamientos más primitivos, el mito clásico queda fijo en sus componentes, y no se lo vuelve a tocar, del mismo modo que el dogma cierra las posibilidades de adición a las religiones establecidas./9

---

1 Civilización cretense

2 En realidad esta división corresponde a una etapa posterior, cuando la Diosa Triple había sido destituida por la trinidad masculina que trajeron consigo los indoeuropeos, pero sirve simplificar a los propósitos de nuestro tema.

3 Unidad mínima de sonido de una lengua

4 Unidad mínima e indivisible de una lengua que posee significado léxico o gramatical. Ej: el sufijo *ble* en español posee significado gramatical por cuanto marca la categoría de adjetivo de la palabra en la que aparece.

5 Unidad mínima con significado propio y completo. Ej: *mesa*. ¡Ah, una palabra! No exactamente para la teoría semántica, de donde proviene.

6 Personificación del destino en la tríada Cloto, Laquesis, y Atropos. Cloto devanaba los hilos de la vida, Laquesis medía su longitud, y Atropos cortaba las hebras cuando llegaba el momento predestinado.

7 Tríada que personifica la venganza, especialmente respecto de crímenes como el parricidio/matricidio. Nótese que tanto las Moiras como las Erinias fueron concebidas como divinidades femeninas y se mantuvieron así inclusive después de la introducción del patriarcado.

8 Es inherente a lo humano la necesidad de respuesta a los vacíos que la falta de comprensión de ciertos fenómenos genera, por lo cual ideará explicaciones, aunque sean producto de la fantasía, para no sucumbir a la angustia causada por los interrogantes existenciales.

9 A partir de aquí, quizás llame la atención del lector que mucha de la información se reitera, bien que en otras palabras. Ello obedece a varias razones, a saber: al haber tenido lugar las conferencias/clases/seminario en instituciones diferentes, y no todas las que se incluyen en este volumen en cada caso particular, fue necesario

proveer los datos indispensables para comprender ciertos temas en todos los casos en que se abordaron. Por otra parte, las iteraciones responden también, en ocasiones, a la necesidad de que los concurrentes conservaran vivos ciertos conceptos y hechos históricos y literarios con los que no estaban familiarizados, pues este tipo de público difiere mucho de los estudiantes que encontramos, por ejemplo, en las universidades. Si bien tomaban notas o grababan, ya resultaba bastante difícil lograr que leyeran los textos -con excepciones, claro- como para insistir en que, además, estudiaran, en la medida en que no se jugaban el título académico. Las repeticiones, entonces, fueron una manera de 'horadar la piedra', muy especialmente cuando refieren a cuestiones históricas, como ocurre con los vaivenes políticos en Inglaterra bajo el último reinado Tudor y el primer Estuardo.

LA TRAGEDIA Y NOSOTROS

En su *Poética,* Aristóteles señala que no es necesario presenciar la escenificación de una tragedia para experimentar sus efectos, lo cual nos lleva a pensar que ya era posible leer, en manuscrito, las obras de los tres grandes autores que nos ocupan. Esta no es una conclusión carente de importancia. El otro día discutimos el origen de la palabra 'teatro', en el cual se insertaba el acto de observar. Por otra parte, todo texto escrito siguiendo los lineamientos de la dramaturgia (no sólo la tragedia, sino la comedia, el melodrama, la farsa, etc.) presupone una intermediación llevada a cabo por los actores; es decir, la obliteración del contacto directo entre texto y receptor. La intermediación, que dota de rostro, figura, tono, y afectos/pasiones a los personajes, es como el dedo que pulsa la cuerda en un instrumento que reproduce una partitura.

Nosotros estamos leyendo las tragedias, aunque más no sea porque no están disponibles en escena. ¿Cómo, entonces, completamos el rol de la intermediación que se nos niega? Es una pregunta para la que espero esbozos de respuesta en nuestro próximo encuentro.

Aristóteles dijo, asimismo, que "la trama/el argumento constituye el alma de la tragedia". Naturalmente, la palabra prima. ¿Puede la palabra suplir las funciones del cuerpo y la voz?

Y si es así, ¿de qué palabra se trata? Les pido que tomen una escena cualquiera y la lean dos veces, primero con los ojos, y luego en voz alta. Necesitamos saber si se produce una diferencia de sentido y, en caso afirmativo, en qué se sostiene.

El origen último de la tragedia, por otra parte, no proviene de un texto argumentado. En un muy lejano principio, la danza ritual en torno a un símbolo sagrado (consagrado a una divinidad) dio paso a trozos de poesía coral simultánea a la danza, y luego a la separación de un coreuta que dialogaba escuetamente con el coro anónimo, asumiendo el primero todos los roles individuales imaginados por el autor.

Recordemos que no había cambios de vestuario, ni de máscaras, ni aviso previo respecto del nuevo 'personaje' que el coreuta representaba. En la literatura experimental de principios del siglo XX, especialmente en las obras de Virginia Woolf y William Faulkner, los lectores se quejan de que no pueden identificar el 'yo' que habla o piensa porque no están marcados en los textos. Se hablaba de la gran revolución narrativa. Pueden apreciar, a través de los principios de la tragedia, que no se había inventado nada nuevo, sino que se había trasvasado una técnica antiquísima de un género a otro, lo supieran o no los grandes novelistas que menciono. Hay algo del inconsciente colectivo que trabaja en un saber no sabido... quizás. Les dejo la pregunta pendiente.

Esquilo, de quien se conservan sólo siete tragedias de las casi cien que se dice escribió, introdujo un segundo actor, marcando así definitivamente la diferencia entre individuo y masa sobre la arena. Vamos a listar otra vez las tragedias a nuestro alcance: *Las Suplicantes*; *Los Persas*; *Prometeo Encadenado*; *Los Siete Contra Tebas*; y la trilogía que compone *La Orestíada* (*Agamenón*, *Las Coreóforas*, *Las Euménides*). Esta trilogía debería ser del mayor interés para ustedes, pues se ocupa del destino de la casa de Atreo, y recordarán que Lacan cita, en su análisis de *La carta robada*, el interesante verso "[...] si no fuera digno de Tieste, sería digno de Atreo". Preferiría que se dedicaran a la lectura de una o más de estas tragedias antes de avanzar hacia los continuadores del género. Vemos por los títulos que los argumentos se basan en hechos históricos o en confluencias mítico-históricas.

Brevemente: *Las Suplicantes* son las cincuenta Danaides, o hijas de Dánao, un personaje mitológico mellizo de Egipto, rey mitológico de la tierra del mismo nombre, a quienes se quiere forzar a casarse con sus cincuenta primos hermanos. Las muchachas escapan buscando la protección del rey de Argos (en Micenas), pero Pelasgo (el nombre del rey) deja la decisión pendiente a la voluntad de sus súbditos, quienes se pronuncian a favor de las doncellas, para regocijo de su padre y alabanzas de las niñas a los dioses argivos. Egipto conmina a Pelasgo a devolver a las Danaides a su destino, pero éste se niega. Sigue la guerra, en la que Pelasgo pierde la vida. Dánao se convierte en tirano de Argos, y consiente en el matrimonio de sus hijas, a quienes da órdenes expresas de asesinar a sus maridos en la noche de bodas, orden que cumplen todas menos una, pues se ha enamorado del joven y lo ayuda a huir. El padre implacable decide que ha de morir ella entonces por su desobediencia, pero el fugitivo regresa y da muerte a su suegro, convirtiéndose en el nuevo rey de Argos, con su consorte la hija rebelde. Hay que decidir un castigo para las 49 homicidas, pero se presenta Afrodita, absolviéndolas, puesto que no han hecho más que cumplir las órdenes de su padre. Luego las persuade de renunciar a la castidad y a casarse con 49 argivos y establecerse en el país. En esta tragedia, las Danaides son coro y protagonistas indistintamente, y suponemos que dos actores cumplen con el resto de los roles.

A primera vista, la historia no entusiasma mucho. El espectador de la época, e inclusive los primeros lectores, tenían muy fresco el sentido del mito. A nosotros, que hemos perdido el abc de la cultura clásica, se nos escapa. Sin embargo, podemos preguntarnos lo siguiente:

1) ¿Cuál era la relación temporal entre Egipto y la civilización micénica?

2) El número 50, ¿es arbitrario?

3) ¿Por qué aparece un rey mitológico en una tierra que ya aparece historizada en la Biblia en tiempos de Abraham?

4) ¿Qué significado tiene una monarquía en la cual las decisiones políticas (derecho de asilo) quedan libradas a los súbditos?

5) ¿Qué marca, desde el punto de vista religioso, la alabanza a los dioses argivos por parte de las Danaides?

6) ¿Cuál es el sentido de la orden de asesinato a los maridos?

7) La desobediencia al padre por amor a otro hombre, condonada por Afrodita, ¿sugiere alguna diferencia entre las hijas?

8) ¿Por qué el único príncipe sobreviviente hijo de Egipto se convierte en rey de la tierra adoptiva de su esposa y no de la propia?

9) El rol de Afrodita, ¿se presenta como ambiguo?

10) ¿Qué sentido tiene la castidad y la renuncia a ella?

Quisiera discutir lo que estas preguntas les sugieren, tomando en cuenta que las pocas que no se explican por la historia conservan un sentido universal y permanente. He aquí la importancia del mito: separando el tipo del que obtura la pregunta sin respuesta, y que suele ubicarse en cualquiera de las versiones del origen, el mito da cuenta de nosotros aquí y ahora, barridos los obstáculos tecnológicos que nos hacen creer que hemos 'evolucionado'.

....

N.B. Los intercambios que se sucedieron a partir de las preguntas planteadas no quedaron registrados, pero entiendo que sería una pena no intentar responder algunas de las preguntas que sin duda sorprendieron a los asistentes a este seminario.

Podemos comenzar por el número 50, que se relaciona con las preguntas 5 y 6 también. Se trata de un número cabalístico, que para la numerología simboliza, entre otras cosas, la totalidad del hombre en el sentido de completud. A estas alturas, supongo que no hace falta seguir a Lacan para saber que la completud o totalidad en términos de lo humano es una entelequia y, sin embargo, convengamos en que si no tuviéramos la ilusión de su posibilidad, al menos algunas veces, nuestra vida resultaría muchísimo más dura. El numerito aparece varias veces en la Torá, y otras tantas en los mitos que nos ocupan. En el caso de las Danaides, parecería encubrir el número real de las hijas de Dánao... el tres, y entonces volvemos al intento de supresión de la Diosa Triple en su forma más antigua o elemental: la en las Moiras; es decir, las divinidades del destino. El asesinato de los flamantes esposos nos dice, alegóricamente, que por mucho que se esfuerce la religión patriarcal invasora de subyugar a la Diosa, no lo logrará. La historia nos reenvía al camino inverso, pero lo cierto es que mientras los espectadores de esta y otras tragedias rendían culto a la religión importada, las obras los devolvían al culto original. Ignoramos, pues no hay registro de ello, los efectos de esta contradicción sobre el inconsciente.

Para completar las ideas sugeridas en el cuestionario, recurrimos a *Los mitos griegos* de Robert Graves. Nos dice que Dánae, una princesa argiva hija de otro padre, aparece en los mitos hebreos bajo el nombre de Dina, en ocasiones masculinizado a Dan –ya sabemos por qué, en tanto la historia religiosa de los tiempos antiguos se repite, como hemos dicho, en muy diversos territorios. Nos dice también que el número completo de sacerdotisas de la Diosa, en función de mantener las tierras irrigadas para el cultivo, era 50. Por otra parte, Dánao y Egipto representan el típico par de gemelos que reinaban alternadamente durante 50 meses lunares (cada uno compuesto por alrededor de 29 días del calendario solar) a través de su matrimonio con la Suma Sacerdotisa de la Diosa. La alternancia en el poder es una variante más civilizada del combate ritual entre el rey y el aspirante a sucesor que describe Frazer en *La rama dorada*. Dada la diferencia de edad y vigor entre desafiado y desafiante, parece en realidad un asesinato disfrazado de otra cosa. Esta pugna por el acceso al poder de cualquiera situado simbólicamente en el lugar de hijo es algo que vela la narración del mito de Edipo, en tanto nos llega como ignorancia de que el hombre a quien mata de camino a Tebas es Layo, su verdadero padre. Cierto es que, bajo la forma en que lo conocemos, este mito corresponde a épocas en las que ya se había instalado la nueva religión, con la consiguiente condena del parricidio, que junto con el incesto/1 acarrea las desgracias –castigos divinos– que terminan destruyendo la casa de los Labdácidas./2

Sin embargo, y antes de comentar las razones que justifican la posible respuesta a la pregunta 8, no deberíamos pasar por alto que Cronos castró a su padre Urano, y que sufrió el mismo destino a manos de su hijo Zeus. Dejando de lado que estas historias se relacionen con una diversidad de mitos sobre el origen de los cuales la tragedia no se ocupa, no se nos escapa que, en estos casos, castración equivale a una suerte de muerte simbólica. Entonces, en tiempos primitivos, era necesaria la muerte de un rey-padre para posibilitar el advenimiento de otro, y luego las costumbres se morigeraron reemplazando la muerte por la desaparición y reaparición de un hermano en la alternancia. Mucho se ha dicho en psicoanálisis respecto de la muerte del padre y de "matar al padre". Los conceptos son relativamente nuevos en términos de la edad del mundo, pero no novedosos para el saber popular de los antiguos, bien que carecían de nuestras nomenclaturas académicas. Notemos que, para el momento del que hablamos, la figura del padre como amenaza a destruir ha desaparecido, pues ahora se trata de pares (hermanos) que, siendo además gemelos, resultan pares idénticos.

La alabanza a los dioses argivos por parte de las Danaides sugiere la idea de congraciarse con la nueva religión al tiempo que los elementos constituyentes de las creencias supuestamente desplazadas se prestan a ser percibidos por el buen entendedor. No olvidemos que ni la conquista ni la conversión derivada de ella ocurrieron simultáneamente, de modo que el autor parece necesitar complacer tanto al nuevo orden como al viejo.

No vamos a dar todas las posibles respuestas, aunque la pregunta 8 apunta a que la corona, en la época transicional en la que se sitúa el mito que da origen a esta tragedia, se transmite todavía por la vía femenina. Podemos ejemplificar recordando que, dejando de lado diferencias abismales entre el mito de Edipo y éste, es su matrimonio con Yocasta lo que lo inviste como rey de Tebas siendo él un extranjero, antes de que salga a luz la verdad. Cuando el orden dinástico se invierte, tal cual sucede en los reinos involucrados en la guerra de Troya, es que la religión antigua ya ha sido arrasada por la conquista.

Creo que lo más significativo para nosotros es la desobediencia al padre por amor a otro hombre. Deberíamos detenernos un momento en lo que significaba tener hijas en tiempos ahistóricos, arcaicos, y aún en los albores del s. XX. Las hijas, caído el matriarcado, equivalían a propiedad tangible y convertible en otros bienes, como lo expresa tan bien el vocablo inglés *chattel*. En tal sentido, las alianzas y adquisiciones que el padre realizaba utilizando a las hijas como moneda de cambio, las convertía en instrumentos de poder...tan solo instrumentos. Se han narrado historias de princesas molidas a palos en la Edad Moderna y el Renacimiento por negarse a cumplir las expectativas del padre. En lo que nos concierne, reflexionemos sobre la problemática causada por el verbo "tener" respecto de hijos e hijas en todas las lenguas occidentales, aunque aquí sólo nos interesan las hijas. Parecería que, como es bien sabido que el lenguaje produce efectos en la realidad, estos padres que nos ocupan creen, efectivamente, que –en este caso las hijas– les pertenecen para hacer de y con ellas lo que se les antoje. Un caso extremo sería lo que propone el marqués de Sade en varias de sus obras. Sin llegar tan lejos, la desobediencia al padre por amor a otro hombre en este mito y tragedia que lo retrata preludia un concepto que fue adquiriendo fuerza en tiempos sucesivos: "No eres mi dueño". Si miramos la literatura posterior, vamos a encontrar que este movimiento de las hijas, constituyéndose como sujetos independientes del padre, no suele acabar bien. Desaparecida Afrodita como garantía, no había una madre que mediara en la actitud posesiva del padre y, si la había, no salía bien parada, pues la posesión se extendía también a la esposa. Y aún hoy, en que no cesa de hablarse del empoderamiento de las mujeres, los consultorios abundan en mujeres que, aunque liberadas en la práctica de la voluntad del padre, no logran sustraerse del padre interno y sus mandatos, que arduo trabajo lleva volver conscientes para que la paciente se enfrente a lo que, pero no exclusivamente, obstaculiza su deseo.

---

1. Que a veces se castiga y otras no, como veremos.
2. Reyes de Tebas.

LA CASA DE ATREO

La lectura de *La Orestíada*, así como la de obras posteriores que retoman las ramificaciones del conflicto, impone algún conocimiento de los acontecimientos que predeterminan la aniquilación de los atridas. Por eso, dejando de lado por un momento la saga de *La Tebaida* y sus posteriores desarrollos, vamos a internarnos en el principio aciago que el destino decidió para esta casa.

Hay que buscar los orígenes de la tragedia muy atrás, en la historia de Tántalo, un personaje que debe serles familiar a través de la frase 'el suplicio de Tántalo', todavía hoy en uso en muchas lenguas de Occidente.

Si bien no hay acuerdo sobre quiénes fueron sus padres, todas las versiones incluyen divinidades conectadas con los mitos del origen, lo cual indicaría que nos encontramos ante un culto antiquísimo. Veamos primero la leyenda.

Amigo íntimo de Zeus, fue asiduo huésped en los banquetes olímpicos hasta que, por razones ignotas, traicionó la hospitalidad de los dioses y robó el alimento divino para compartirlo con los mortales como él (comparar con la historia de Prometeo). Pero aún antes de que se descubriera su crimen, invitó a los dioses a un banquete en la tierra, y sirvió, mezclada con otros manjares, la carne de su hijo Pelops. Por cierto, los dioses no dejaron de advertirlo, a excepción de Demeter, que fue la única que comió un bocado, distraída por problemas personales que no nos conciernen ahora.

Ambos crímenes decidieron que su reino fuera maldecido y castigado. Zeus lo mató con sus propias manos, y lo condenó al castigo eterno de no poder saciar hambre ni sed, a pesar de encontrarse parado junto a un arroyo en cuya ribera opuesta crecen árboles de frutos deliciosos.

Zeus resucitó a Pelops con la ayuda de la Diosa en sus diversos aspectos, y Poseidón se enamoró de él y lo arrebató del mundo para que morara con él en el Olimpo.

Sin embargo, como el mito registra una línea sucesoria de Tántalo y Pelops entre los primeros invasores aqueos de la Hélade, sería lógico pensar que estos son nombres dinásticos y que no refieren a personas particulares, pues al mismo tiempo que un Pelops mora entre los dioses, otro, hijo de un Tántalo, contrae matrimonio con la princesa Hipodamia de Pisa. De este matrimonio nacen, entre otros hijos, Atreo y Tiestes. En un paréntesis, quiero hacerles notar que el Crisipo raptado por Layo de Tebas, era hijo de Pelops y una danaide. Ya ven cómo todo se enlaza.

Cuando relatamos esa historia, no hablamos del fin de Crisipo. Secuestrado y todo, era el hijo favorito de Pelops, y éste quiso nombrarlo su heredero, pasando por encima de sus hijos legítimos. Hipodamia quiso convencer a los hermanos Atreo y Tiestes de que lo buscaran y mataran. Como ellos se opusieron, ella misma lo hizo, y luego se suicidó. Habiendo ocurrido todo esto en Tebas, Atreo y Tiestes escaparon de la ciudad, y las circunstancias los convirtieron en reyes de Micenas a partir de un oráculo que indicaba al moribundo rey –que a su vez había usurpado el trono que eligiera un sucesor de la casa de Pelops.

Los hermanos se valieron de diversas estratagemas para quedarse con el trono, y finalmente Atreo lo logró, y fue padre de Agamenón y Menelao. Atrajo a Tiestes a la ciudad –pues todavía temía que complotara para quitarle la corona – haciendo asesinar previamente a sus tres hijos adolescentes en el mismísimo altar de Zeus en el que se habían refugiado, matando también a los dos más pequeños y adobándolos para el banquete de reconciliación y bienvenida a Tiestes. Terminada la comida, que al invitado le pareció deliciosa, Atreo hizo traer en una fuente las cabezas, manos, y pies de las víctimas, para enterarlo de lo que había comido. Tras lanzar una maldición general sobre la casa de Atreo hasta su extinción total, Tiestes se lanzó al exilio.

Atreo, consciente de la naturaleza de su crimen, consulta al oráculo de Delfos, que le aconseja que logre que Tiestes regrese. En una trama sumamente complicada, el oráculo también aconseja a Tiestes que engendre un hijo fruto del incesto con una de sus propias hijas, cosa que cumple, sin que la muchacha (Pelopia, sacerdotisa de Atenea) sepa quién la ha violado. Lo que sí consigue es despojarlo de su espada y esconderla tras el altar de la diosa.

Mientras tanto, Atreo llega al lugar, se enamora de su sobrina sin saber del parentesco, y cría al hijo de su hermano como propio. El niño se llama Egisto, y cuando las diversas piezas de la historia se colocan en su sitio para dar paso a alguna verdad, Egisto mata a Atreo con la espada de su abuelo-padre por orden de éste, dejando huérfanos a sus hijos Agamenón y Menelao. Protegidos por Tíndaro de Esparta, con el tiempo marchan contra Micenas, Tiestes se somete al exilio para no perder la vida, y Agamenón toma la corona, convirtiéndose en un monarca poderosa a causa de las vastas tierras que pagan tributo a Micenas, el nuevo centro de la civilización del área al haber declinado la era minoica.

Lo primero que hace Agamenón es declarar la guerra a Pisa y, habiendo matado en combate a su primo Tántalo (recordemos que no son las mismas personas, sino nombres dinásticos) se casa por la fuerza con su viuda, Clitemnestra, hija de Leda y Tíndaro de Esparta, su antiguo protector. Hemos hablado brevemente de estos hijos de Leda, Clitemnestra y Castor, mortales, y Helena y Polux, semidioses engendrados por Zeus al mismo tiempo. Como sea, Tíndaro da en matrimonio su hija Helena a Menelao y le destina el trono de Esparta.

Hijos de Agamenón y Clitemnestra son Orestes, Electra, Ifigenia, y Crisóstemis. Cuando los reyes parten a la guerra de Troya, Egisto se hace indispensable en un rol administrativo, proponiéndose convertirse en el amante de Clitemnestra y matar a Agamenón si regresa, para completar la venganza de su desdichada existencia. Zeus intenta disuadirlo a través de su mensajero Hermes, advirtiéndole que cuando Orestes crezca vengará a su padre, pero es en vano.

Clitemnestra tiene un sinfín de razones para odiar a su esposo: ha asesinado a su primer marido y al bebé de pecho que acababa de parir en aquel momento, se había casado con ella por la fuerza, había sacrificado a Ifigenia, hija de ambos, antes de partir a Troya, y ahora se enteraba de que volvía con la princesa troyana Casandra bajo el nombre de esclava pero con prerrogativas de esposa.

Entonces Clitemnestra y Egisto preparan el asesinato de ambos. Mientras Casandra se resiste a entrar al palacio, gritando que la maldición de Tiestes opera entre los muros, Agamenón es asesinado en el baño por la pareja conspiradora. Con la misma hacha con la que decapita a Agamenón, Clitemnestra sale y mata a Casandra. En la batalla que se suscita entre los soldados de Agamenón y los esbirros de Egisto, estos salen vencedores, y el día de estas muertes, lo que hoy sería el 13 de enero, se convierte en una celebración anual.

Las versiones acerca de los motivos por los cuales Electra y Orestes se encontraban fuera de la ciudad difieren. Lo cierto es que Egisto reinó siete años en Micenas, utilizando todas las galas de Agamenón (ropa, armas, corona, efectos personales, todo). Pero quien mandaba era Clitemnestra, y esto le provocaba ataques de ira durante sus frecuentes borracheras, momentos en los que saltaba sobre la tumba del rey y arrojaba piedras sobre la lápida, invocando la venganza –desafiando, mejor dicho– de Orestes. Carcomido por el miedo, secretamente había ofrecido mucho oro a quien lo encontrara y asesinara.

Electra, quien sí había regresado y no perdía oportunidad en mostrarle su odio, fue casada, contra con su voluntad, con un campesino, una unión que nunca se consumó por temor del hombre a las represalias del hermano ausente, a quien Electra enviaba frecuentes mensajes recordándole su deuda pendiente para con el padre.

Orestes consultó con el oráculo de Delfos, y la respuesta fue que, de no vengar el asesinato, se convertiría en un paria, se le prohibiría la entrada a los templos, y su carne sería devorada por la lepra. Se le advirtió también que las Erinias (las Furias) no le perdonarían el matricidio, y la pitonisa le dio un arco de Apolo para repeler sus ataques cuando se le hicieran intolerables. Al terminar su cometido, debía regresar a Delfos a acogerse a la protección de Apolo.

Los sueños perturbaron a Clitemnestra, pero no fueron interpretados correctamente. Orestes y su amigo Pylades se presentaron a las puertas del Palacio como extranjeros portadores de la triste noticia de la muerte de Orestes. Clitemnestra fingió dolor, pero estaba encantada. Mandó llamar a Egisto, quien fue sorprendido y muerto por Orestes, y luego rodó la cabeza de Clitemnestra. En otra versión, las muertes ocurren en lugares separados, y Electra conduce a su madre al lugar donde perderá la vida.

Por decisión de la ciudad, los cuerpos fueron enterrados extramuros. Tíndaro de Esparta llegó para juzgar a los hermanos por el matricidio. La decisión del ex rey y su consejo fue lapidar a hermano y hermana. Pero Orestes los convenció de que les permitieran suicidarse. Acompañado por Electra y Pylades, enamorado y correspondido por ella, decidió, a instancias de éste, vengarse de su tío Menelao, que no lo defendió ante el consejo, matando a Helena, a quien consideraban el origen de todos sus males. Pero por orden de Zeus, Apolo la envolvió en una nube, y se la llevó al Olimpo. Si se preguntan qué hacía allí, había acompañado a su esposo para presentar sus respetos en la tumba de su hermana.

El exilio de Orestes, con ataques de locura provocado por las Furias, terminó con un segundo juicio llevado a cabo por los dioses en Atenas. Su defensor, Apolo, aseveró que la única importancia de una madre es ser depositaria de la semilla masculina, y que como el padre era el único progenitor digno de tal nombre, el asesinato del 'envase' estaba ampliamente justificado. Atenea se pronunció de igual manera, y Orestes rehizo su vida en la Argólida.

Hasta aquí, el 'cuentito'. Después de leer sobre cómo se trató el mito en la trilogía de Esquilo, hay que tratar de comprender cuáles son las creencias en pugna que se intentan oscurecer, y preguntarse sobre las pasiones, la venganza, el amor filial (madre-hijos; hijos-padre-madre), la relación entre las Furias de entonces y la conciencia judeocristiana.

ANTÍGONA

Antígona no cuenta con un mito propio, sino que es el epílogo de la archiconocida historia de Edipo, fuente de Sófocles para *Edipo rey* y *Edipo en Colona*. Quizás un elemento nuevo desde el punto de vista del mito sea la rivalidad entre los hermanos Eteocles y Polinices, detonante de los acontecimientos que se narran en esta tragedia. Nuevo, o más reciente, en la saga de los Labdácidas,/[1] aunque no en la infinita serie de hermanos, casi siempre gemelos, que se sucedían el uno al otro en un trono cada siete años, práctica que reemplazó –siempre en el mito– el asesinato ritual de un rey por otro tal como lo describe James G. Frazer en *La rama dorada*, y que se relacionaba con ceremonias de fertilidad de la tierra, sin entrar en detalles irrelevantes acá. Bajo esta luz, podría entenderse que la muerte de Layo por la espada de su hijo Edipo y el posterior matrimonio de éste con Yocasta aportan al mismo mitema. Hay referencias concretas a lo que ocurrió anteriormente en la tragedia que nos ocupa. A este respecto, el personaje de Antígona es sorprendentemente ambiguo, hasta que nos ilumina una reflexión del coro que veremos luego. Dice a su hermana: "Tú [...] que compartes las desventuras que Edipo nos legó", y acto seguido: "Pronto vas a tener que demostrar si has nacido de sangre generosa o si no eres más que una cobarde que desmiente la nobleza de sus padres." Mmmm. Y refiriéndose a la muerte, al Hades: "Allí al menos iré nutriendo la certera esperanza de que mi llegada será grata a mi padre (mi querido padre); grata a ti, madre mía [...]". Parece que, a pesar de las desventuras, el amor de Antígona por sus progenitores, y muy especialmente por su padre, quien bien que sin intención de hacerlo atrajo la desgracia sobre Tebas, no juzga, no culpa, no se rebela, y asume el rol que los dioses le han asignado.

La tragedia desde una perspectiva contemporánea

Así explica Sófocles, por boca del coro, su concepción de lo humano:"Numerosas son las maravillas del mundo, pero, de todas, la más sorprendente es el hombre". Si nos apropiamos de esta frase, todas las contradicciones cobran sentido.

Esta tragedia impresiona por lo lineal y escueto del relato, desprovisto de intriga, por así decirlo. Abre con una conversación entre Antígona y su hermana Ismene, hijas de Edipo y Yocasta junto con sus hermanos Eteocles y Polinices, que acaban de morir en el campo de batalla, enfrentados por la dominación de Tebas. Creonte, hermano de Yocasta y tirano en ejercicio, ha decretado que se entierre con honores a Eteocles, quien defendió la ciudad contra Polinices y sus aliados los invasores argivos, pero ha prohibido bajo pena de muerte que el cuerpo de éste sea sustraído a la voracidad de los perros y las aves carroñeras, pues es lo que merece un traidor. Antígona no puede soportar la idea, y se dice dispuesta a dar sepultura a su desdichado hermano, aún sabiendo que se expone al castigo decretado por su tío. Ismene asume una actitud ambivalente del principio al fin. Primero no desea acompañar a su hermana: luego, cuando ésta lleva a cabo su propósito, se propone como cómplice ante Creonte, y así su propia suerte oscila entre salvar la vida y compartir la suerte de su hermana. En efecto, Creonte, enterado de la desobediencia de Antígona, la condena a muerte, pero en un movimiento interesante, no vierte ni hace verter su sangre, sino que la encierra en una cueva cuya boca cierra una pesada roca. Así, Antígona morirá cuando los dioses lo dispongan, pero en términos estrictos, Creonte no será culpable de asesinato. Ocurre que, por una parte, su hijo Hemón debía casar con Antígona y, por otra, Tiresias, el augur ciego que siempre ha sido clave en los desenlaces de la casa de Edipo, le advierte que, de no ceder, las consecuencias serán terribles. Creonte no acepta opinión ni consejo de su hijo, pero las palabras de Tiresias llevan peso. Se encamina entonces a la cueva, donde, al retirar la piedra, lo espera una escena horripilante: Antígona se ha ahorcado, y a sus pies yace

Hemón, atravesado por su propia espada. No terminan aquí los suicidios: Eurídice, esposa de Creonte y madre de Hemón, se inmola sobre un altar, maldiciendo el nombre del causante de tanta desdicha. La obra finaliza con estas palabras recitadas por el coro: "La prudencia es con mucho la primera fuente de ventura. No se debe ser impío con los dioses. Las palabras insolentes y altaneras las pagan con grandes infortunios los espíritus orgullosos, que no aprenden a tener juicio sino cuando llegan las tardías horas de la vejez".

Estas últimas palabras, las que en lo inmediato primarán en la memoria consciente de espectadores y lectores al retirarse del teatro o cerrar el libro, abren un interrogante acerca del tema que Sófocles quiso subrayar en una tragedia que no es lo que parece. En primer término, resulta imposible soslayar la cantidad de frases que dedica al ejercicio del poder; al mal ejercicio del poder. Veamos: muy al principio, Ismene dice que obedecerá a los que están en el poder, pues querer comprender lo que sobrepasa nuestra fuerza no tiene ningún sentido. Quien ejerce el poder es su tío, el tirano Creonte, e Ismene habla no sólo por sí sino por el pueblo, expresando una sumisión casi abyecta fundada en el temor al castigo y en la resignación de no atreverse a cuestionar lo que no comprende. Por su parte, Creonte luego elogia al Coro (la gran parte del pueblo que no lo critica) con estas palabras: "[...] os han convocado aquí mis mensajeros porque me es conocida vuestra constante y respetuosa sumisión al trono de Layo, y vuestra devoción a Edipo mientras rigió la ciudad, así como cuando, ya muerto, os conservasteis fieles con constancia a sus hijos. Ahora, éstos, por doble fatalidad, han muerto el mismo día. Al herir y ser heridos con sus dobles fratricidas manos, quedo yo [...] dueño del poder y del trono de Tebas. Ahora bien, imposible conocer el alma, los sentimientos y el pensamiento de ningún hombre hasta que no se le ha visto en la aplicación de las leyes y en el ejercicio del poder. Por mi parte, considero, hoy como ayer, un mal gobernante al que en el gobierno de una ciudad no sabe adoptar las decisiones más cuerdas y deja que el miedo, por los motivos que sean, le encadene la lengua; y al que estime más a un amigo que a su propia patria, a éste lo tengo como un ser despreciable." Hay mucha tela para cortar aquí, pero esperemos. Necesitamos agregar otros dichos de Creonte en este sentido. "Se debe obediencia a aquel a quien la ciudad colocó en el trono, tanto en las cosas grandes como en las pequeñas; en las que son justas como en las que pueden no serlo a los ojos de los particulares." Sin embargo, cuando su hijo y esposa se suicidan, maldiciendo su nombre, quien se dijo recto gobernante entregado sólo a lo que sabe causa justa, y es justa porque él lo dice –interesante variación de la tautología– se desmorona y redefine como "el ser insensato que soy."

Creonte ha decretado la muerte de Antígona frente a la decisión inquebrantable de ésta de sepultar a su hermano Polinices. Pero, como se ha dicho en el resumen expuesto en el inicio de esta discusión, pasa de una ejecución sumaria y directa a tomar un rumbo que le permita evitar la responsabilidad del asesinato para, suponemos, eludir el castigo que le impondría el destino. Y se equivoca, pues por lo que sabemos de las creencias en la predestinación, ello jamás sucede. Lo que ocurre es que, mediante algún tipo de razonamiento engañoso o merced a un oráculo cuya vaguedad contribuye a que se lo interprete según mejor convenga, los personajes de mitos y tragedias creen conocer cuál es el destino que pretenden contrariar, y lo que podemos afirmar es que algo –los dioses, el hubris, la ambición, entre otras cosas– les nubla la posibilidad de llegar a esa verdad final. Y esto aplica tanto a la tragedia griega como a la isabelina, si recordamos que, por ejemplo, a Macbeth se le advirtió a manos de quién iba a morir, pero él no creyó en la existencia de un hombre no nacido de mujer hasta que MacDuff le reveló las circunstancias de su nacimiento mientras le arrebataba la vida. Más allá de la cuestión política, en la que sin duda abrevó Maquiavelo (no está de más recordar que Creonte significa "gobernante") y del machismo expresado en frases como "Mientras viva, jamás una mujer me mandará" y "Es mejor, si es preciso, caer por la mano de un hombre que oírse decir que hemos sido vencidos por una mujer", se nos presenta un problema mayúsculo respecto de quién es el héroe trágico de esta obra, cuando parecería que resulta más que evidente desde el título.

¿Qué me hace ruido? Antígona en ningún momento ignora que va a morir. Más aún, cuando la estratagema de Creonte la deja en un limbo en el que no está, por decirlo de algún modo, ni muerta ni viva, oblitera toda posibilidad de salvación apresurándose a ahorcarse. En contraste, Creonte se muestra insoportablemente seguro de sí mismo hasta que las palabras de Tiresias lo llevan a querer liberarla... tarde, pues su inflexibilidad anterior impone el cumplimiento de su propio destino trágico, aquel que nunca imaginó, manifestado en la pérdida de su esposa, hijo, y poder. Entonces, y atentos al desarrollo del género tragedia, ¿no estaríamos ante un caso en el que el conflicto se bifurca, proponiéndonos una forma que recién volvemos a ver, con diferencias, en *Otelo*? ¿No hay aquí protagonista y antagonista? Sabiendo que el protagonista hace todo por llegar a una resolución del conflicto mientras que el antagonista se resiste a dicha resolución, habría que preguntarse si no nos encontramos ante una situación aún más complicada, en tanto Creonte se propone hacer cumplir la ley sin que importen factores de humanidad o lazos de sangre, a lo que Antígona se opone, resuelta a dar sepultura a su hermano, cosa que Creonte está dispuesto a impedir sin importar los medios. Ella triunfa, a costa de su vida, pero nada la sorprende en su camino a la muerte. Él fracasa, y queda entregado a un destino trágico que nunca imaginó. Por añadidura, las últimas palabras del coro están claramente dedicadas a Creonte. Se me ocurre que alguien podría dudar de la combinación héroe trágico-mala persona. Hablamos antes del significado original del término *héroe*. Hasta donde sabemos, ni Antígona ni Creonte adquirieron carácter divino después de muertos, haciendo honor a las varias libertades que Sófocles se permitió en su escritura. A fuer de insistente, no quiero pasar por alto que la ecuación héroe/heroína=buena persona corresponde a mitos literarios muy posteriores, cuyo emblema podría ser Superman o Batman y cuya creación respondió a una necesidad política específica. Sí, también el conde de Montecristo y otros, fuera del ámbito de la tragedia y en la tradición romántica y hasta gótica, que no es nuestro tema.

Podría argumentarse que, muy lejos del héroe trágico, Creonte cumple la función del villano, aquel personaje siempre antagonista del héroe. Sin embargo, el rol del villano se asocia a la persecución de fines egoístas lindando en la ilegalidad, y lo que tenemos aquí es un hombre que no quiere o no puede apartarse de la ley. Él no odia a Antígona, sino que debe castigar la desobediencia en la que incurre un miembro de su propia casa y, para colmo, mujer. Quienes nunca se preguntaron acerca de la identidad del personaje trágico en esta obra –dejando en claro que hay dos, pero que desde lo específico del destino sólo parece haber uno– argumentan que la esposa del rey, no mencionada antes, aparece hacia el final y se quita la vida a modo de concesión a los sentimientos de los griegos de la época, que no podrían haber aceptado un final cerrado por la muerte de Antígona sin que cayera sobre su causante la venganza de los dioses, provocándole un mal similar al que causó. Lo que no contemplan estos comentaristas es que, planteadas como estaban las cosas, no cabía otro final para Antígona que el que ella misma anticipó primero y ejecutó después.

Se dice que el conflicto principal de Antígona, más allá de la narración, reside en un universal en el que se enfrentan el deber cívico y las lealtades personales.
Frente al dilema, Antígona desobedece la ley cívica –la impuesta por el rey– pero cumple el mandato de los dioses, dado que, de acuerdo con las creencias griegas, esparcir

polvo tres veces sobre el cuerpo de un muerto equivalía al total de un rito funerario que, a menos que se practicara, dejaría al espíritu vagando en las sombras sin derecho a ocupar el lugar que se le había asignado en alguna de las regiones del Hades.

Nos preguntamos, al margen de la imagen piadosa de una hermana que no desea privar a su hermano de su segunda vida en el mundo subterráneo, si no encontramos aquí la semilla de todo lo que la historia desarrolló en el campo de los ritos funerarios y el culto de los muertos. ¿Qué era más importante para los sobrevivientes: que el espíritu cumpliera su destino final o que ellos mismos se vieran libres del reproche o del acoso de seres que, en su percepción, ni totalmente vivos ni totalmente muertos, se les presentaban como cargos de conciencia bajo la forma de espectros en la vigilia o en el sueño, interrumpiendo el decurso de sus vidas que aún no habían llegado a término? Ahora bien; no creo que esta amenaza de persecución preocupara a Antígona, que sabe que va a morir. Bajo el manto de la creatividad artística, este tema es también retomado por la tragedia de siglos posteriores, y ahora, cuando ya no disponemos de nuevos ejemplares del género, la ciencia ficción del horror se ha hecho cargo de mantener presente el dilema.

Se dice que en Antígona pueden verse las primeras características de lo que en tiempos posteriores podría compararse con la santidad. Cabría aquí analizar la función del santo, qué lo hace tal, en aras de qué o de quién se sacrifica, qué lo impulsa a sabiendas del fin terrible que lo aguarda. Queda abierto a discusión.

En la tragedia que nos ocupa, nos preguntamos por qué el coro no la acompaña en ningún momento. La convención dramática indica que para que se destaque la plena dignidad de su decisión, con las consecuencias que ésta le acarrearán, es necesario que se encuentre sola, sin apoyo y sin sostén. Quizá en esta soledad infinita encontremos la transición hacia lo santo.

Hay aquí dos cuestiones a tener en cuenta. La primera es la naturalidad del suicidio, probablemente por estar incluido dentro de la predeterminación de cualquier vida, y además porque no hay nada de sagrado ni de preservable en la vida misma como estadio del hombre. El suicidio no es un crimen, y mucho menos un pecado, idea que no llega sino con las religiones monoteístas. El crimen se comete contra un semejante; el pecado, contra Dios. Los casos de suicidio de los mitos son, a veces, consecuencia de la distracción o equivocación de los dioses al evaluar las consecuencias de determinados actos, y son reparados devolviendo la vida al suicida bajo otra forma (animal, vegetal) para que cumpla así su ciclo en la tierra. No siendo éste el caso de esta princesa, debemos creer que así estuvo decretado desde el principio.

Cerrando, nos resta tomar en cuenta el significado del nombre propio Antígona. Diversas fuentes lo explican como "en lugar del padre", "en lugar de la madre", o "en lugar de los padres". Son, por cierto, tres lugares distintos. No sería razonable suponer que en épocas míticas se pensara en los efectos, a veces devastadores, de elegir un nombre determinado para un hijo/hija. Desde otra perspectiva, y en el campo de la pura especulación, podríamos decir que, "en lugar de los padres", Antígona debe hacerse cargo de cumplir con los ritos funerarios para con un hijo, hermano suyo además, cuyos padres lo han precedido en el tránsito al Hades. E inauguremos una pregunta final. Haciendo a un lado el suicidio, que suele responder a otras problemáticas, ¿cuáles son las consecuencias de quedar congelado "en lugar de los padres"?

---

1. Familia gobernante de Tebas.

ELECTRA

Cuando hablamos de la tragedia en general y de la casa de Atreo, comentamos sin demasiado detalle los mitos que dieron origen a varias tragedias sustentadas por los acontecimientos de Troya. Dijimos también que tanto Sófocles como Eurípides habían compuesto una *Electra*, y describimos sumariamente los aspectos que el segundo desarrolló en su obra.

Podría decirse que la tragedia de Sófocles es, desde el punto de vista de la riqueza del mito, relativamente pobre. El argumento se concentra en un largo tiempo de espera; han pasado muchos años desde el asesinato de Agamenón, y Electra, que en esta versión ha entregado a su pequeño hermano al Pedagogo para que lo pusiera a salvo en tierras extranjeras, aguarda con sentimientos contradictorios su regreso para que se vengue por fin la muerte del padre de ambos: "sola, no tengo fuerza para soportar la carga que me oprime." La contradicción reside en que cree y descree de volver a ver a Orestes. Quizás ha muerto, o ha olvidado, o… Su tiempo transcurre contándonos las desdichas y humillaciones a las que la somete su madre, con quien sostiene diálogos terribles cuando no discute con su hermana Crisóstemis, en un movimiento muy similar al de Antígona e Ismene. La pasión cegadora rige gran parte de los intercambios entre madre e hija, y hay una parte del discurso de Electra que ilumina a la perfección cómo la ira nubla la razón, y alguien reprocha a otro aquello mismo que cree justo hacer. Dice Electra, tratando de justificar el sacrificio de Ifigenia: "Dices que mataste a mi padre. ¿Qué se puede decir más afrentoso, tuviera él razón o sinrazón? Pero te diré que le mataste sin derecho alguno. El hombre inicuo con quien vives te persuadió e impulsó. Interroga a la cazadora Artemis, y sabe lo que castigaba cuando retenía todos los vientos en Aulis; o más bien yo te lo diré, porque no es posible saberlo por ella. Mi padre, en otro tiempo, como he sabido, habiéndose complacido en perseguir en un bosque sagrado de la Diosa, un hermoso ciervo manchado y de alta cornamenta, dejó escapar, después de haberlo muerto, no sé qué palabra orgullosa. Entonces, la virgen Latoida,/1 irritada, retuvo a los aqueos hasta que mi padre hubo degollado a su propia hija por causa de aquella bestia fiera que había matado. Así es como fue degollada, porque el ejército no podía, por ningún otro medio, partir para Ilión/2 o volver a sus moradas. Por eso mi padre, constreñido por la fuerza y después de haberse resistido a ello, la sacrificó con dolor, pero no en favor de Menelao. Pero aunque yo dijese como tú que hizo aquello en interés de su hermano, ¿era preciso, pues, que fuese muerto por ti? ¿En nombre de qué ley? Piensa a qué dolor y a qué arrepentimiento te entregarías si hicieses semejante ley estable entre los hombres. En efecto, si matamos a uno por haber matado a otro, debes morir tú misma para sufrir la pena merecida." Volveremos a estas palabras luego.

Algunas narrativas teatrales no permiten al espectador saber más allá de lo que saben los personajes; otras informan al espectador antes que a los personajes, y las hay en que los personajes conocen hechos que sólo tardíamente se revelan al espectador. Pues bien, *Electra* abre con una extensa conversación entre el Pedagogo y Orestes, ya de regreso en Micenas, pero no es sino pasando la mitad de la obra que se da a conocer a su hermana. Esta estructura provocaría una reacción emocional positiva en un público ignorante de la historia, pero no habría tenido consecuencia alguna en los contemporáneos de Sófocles, de sobra familiarizados con el mito. Luego del encuentro conmovedor y amoroso de los hermanos, Orestes y su compañero, a quienes Clitemnestra no reconoce, la engañan diciéndole que Orestes ha muerto y que han venido a traer la urna con sus cenizas. Invitados a entrar al palacio, él la mata, sin hacer caso de sus súplicas:

"¡Oh, hijo, hijo! ¡Ten piedad de tu madre!", acicateado por Electra, que exclama: "Hiérela de nuevo si puedes." Llega oportunamente tarde Egisto, es atraído al palacio por Electra para que, según le dice, hable con los extranjeros que presenciaron la muerte de Orestes, y una vez dentro, Orestes lo sorprende y lo obliga a dirigirse al mismo lugar donde murió Agamenón, pues "[... no morirás como pretendes, sino como me conviene, para que tu muerte no carezca ni siquiera de esta amargura." Aclaremos que en esta versión, Agamenón no fue asesinado en el baño sino sentado a la mesa del banquete de bienvenida, y que no hay mención alguna de Casandra.

Señalemos, antes de desmenuzar lo más importante y universal, cuatro puntos: Electra no encuentra falta en su padre. No la inmuta que el desprecio de Agamenón por Artemis, al cazar un animal que le estaba dedicado y por lo tanto prohibida su caza, haya causado la muerte de Ifigenia. En segundo lugar, ella no desea otra cosa que hacer lo que le reprocha a su madre, que es lo que explica mi comentario sobre la ira que nubla la razón. Luego, Clitemnestra nunca se defiende explicando a su hija las circunstancias de su matrimonio. Recordemos que, según el mito, Agamenón asesinó a su primer esposo y la forzó a casarse con él. Por último, Electra la quiere muerta, pero no le asesta siquiera una puñalada simbólica, como hicieran los senadores complotados con el cuerpo ya inerte de Julio César. La mata por mano de su hermano, e incluso lo incita a herirla de nuevo. No podemos dejar de preguntarnos por qué. No convence la idea de debilidad o fragilidad que se desliza en el inicio, y creo que sólo cabe especular que, como sostiene Robert Graves, esta historia resulta de la fusión de mitos muy antiguos con otros que no lo son tanto. Si es cierto que Electra, cuyo nombre significa 'ámbar',/2 era un nombre genérico para sacerdotisas de Apolo, se comprendería que la nueva civilización patriarcal no deseara causar irritación convirtiendo a la hija en asesina de la madre. A pesar de ello, si fuera cierto, a nuestros ojos post-posmodernos no le cabe menor responsabilidad a la instigadora que al ejecutor, aunque no olvidamos que las Erinias persiguieron exclusivamente a Orestes hasta su supuesta absolución en el tribunal olímpico del que hablamos en *La casa de Atreo*.

Los temas a tener en cuenta son principalmente la justicia y la venganza; es decir, una justicia retributiva en el marco de pagar sangre con sangre. Un mal infligido sólo puede remediarse infligiendo un mal similar al perpetrador original. Ya parece que la Ley del Talión, parte del código de Hammurabi, precede en mucho al "ojo por ojo, diente por diente" de la Torá hebrea. Por lo tanto, la tragedia se concentra en la venganza. Queda en cuestión quién es en realidad el perpetrador original. Si olvidamos el nombre de 'sacrificio' bajo el que se llevó a cabo la muerte de Ifigenia, pensaríamos que el asesinato de Agamenón cerraría el ciclo retaliativo. Pero eso sólo si tenemos en cuenta que la política prima sobre los sentimientos, que lo que hoy llamamos 'familia' no es lo mismo de entonces, que la mujer no cuenta en el orden patriarcal en el que ya estamos inmersos a esta altura, y que por lo tanto la muerte de Agamenón subvierte el orden natural. Hay una justificación moral del crimen contra la madre, presentada por Sófocles a través de una Electra endurecida y amargada que presenta su caso con una frialdad que asusta porque, como hemos dicho, la motiva la pasión, y no hay cosa tan aterradora como el freno con el que se contienen las pasiones hasta que llega el momento de darles libre curso.

La tragedia de Electra, hilando muy fino, no consiste en el cumplimiento de su destino en el sentido lato, sino en su imposibilidad de olvidar. En un contraste interesante con Casandra, condenada a profetizar los males, –es decir, siendo consecuente con mi hipótesis sobre el futuro, a tornar el futuro en presente, pues así lo vive y sufre ella– Electra ha sido condenada a recordar para siempre. La pérdida de todo lo que fue, tuvo, y amó la convierte en el instrumento perfecto para mediar la voluntad de los dioses, obedecer la ley de vengar la culpa, pues ninguna otra razón la mantiene viva.

La cuestión de la venganza como mandato de los dioses da que pensar. Vengar la muerte de Agamenón es un contrasentido si recordamos que, a partir del crimen original, el de Tántalo, se habían propuesto la aniquilación de los atridas. Las palabras con las que el Coro cierra esta tragedia, precisamente, son: "¡Oh, raza de Atreo, qué innumerables calamidades has sufrido antes de libertarte por este último esfuerzo!" Ateniéndonos al relato algo difuso del mito, o a un mito que subsume a otros según Graves, Electra y Orestes son parte de esa familia maldecida. ¿Entonces? Podríamos también preguntarnos, llevados por cierta ingenuidad, si los dioses son tales, ¿por qué encomendar la tarea a un mortal? Volvemos a lo que dijimos al principio de estos encuentros: sucede al revés. Es el hombre, creador de los dioses, quien proyecta en ellos sus propios deseos y pulsiones y los recupera como un mandato que le viene del afuera. Esto pone culpa/remordimiento/responsabilidad en una dimensión de la cual el hombre no es partícipe. Vale la pena al respecto ver lo que hace Brecht con '*El que dijo no*', si bien esta obra se ocupa de la moral, que queda fuera del campo de la tragedia griega. Sería interesante agregar la interpretación que del personaje de Electra hace el poeta vienés Von Hoffmannstahl (1874-1929) en la ópera homónima, donde la relación madre-hija es concebida en el más puro estilo freudiano, mediante una reescritura de la tragedia misma.

Antes de despedirnos de Sófocles, digamos que también Esquilo desarrolló el tema en *La Orestíada*, compuesta por *Agamenón, Las coéforas,* y *Las Euménides.* Tanto el nombre de la trilogía como los títulos de las obras indican que su mirada abarcaba el total de la historia, y que dio la misma importancia al antes y al después del asesinato de Clitemnestra.

1. Artemis y su hermano Apolo eran hijos de Zeus y Leto, engendrada por titanes. Vemos aquí uno de los aspectos de la fusión del nuevo orden religioso patriarcal con el antiguo culto a la Diosa.
2. Troya
3. Se dice que las Helíades, hijas de Apolo-Helios y la ninfa Clímene, se deshicieron literalmente en llanto ante la muerte de su hermano Faetonte, que pereció intentando conducir el carro de su padre: es decir, el sol mismo. Desbocados los caballos, el sol causó tales desastres sobre la tierra que Zeus tuvo que detenerlo bruscamente con un rayo, a consecuencia de lo cual Faetonte cayó a un río y se ahogó. Compadecidos, los dioses las convirtieron en árboles y tornaron sus lágrimas en ámbar. Es frecuente que la existencia de objetos de la naturaleza y la geografía se atribuya a la intervención divina sobre humanos, sea para castigarlos o para aliviar su sufrimiento.

LA SEGUNDA MUERTE

A propósito de Electra, algún asistente al seminario hizo mención de 'la segunda muerte' en términos de Lacan. Repasando el tema, en el Seminario de la Ética Lacan recrea esta frase a partir de la expresión 'la segunda vida', tomada de la *Juliette* de Sade. En estos términos, la primera muerte refiere a la muerte del cuerpo, que termina con la vida física pero no con los ciclos de corrupción y regeneración. La segunda muerte sería la que impide la regeneración del cuerpo muerto, imposibilitando que se lleven a cabo los ciclos de transformación de la naturaleza. Lacan toma, además, la frase "entre las dos muertes", dicha por uno de sus alumnos, para designar 'la zona donde se juega la tragedia'. Pienso que no podríamos desentendernos de ella, porque se trata del deseo del sujeto o del sujeto del deseo.

Esta es una manera de ver las cosas, y creo que antes de analizar junto con Lacan dónde se juega la muerte en Hegel y en Heidegger, que es de donde parte para sus desarrollos sobre la muerte, vale la pena averiguar qué es la segunda vida para Sade, algo que dejo a la curiosidad particular de cada uno de ustedes, pues no se relaciona con la tragedia, por trágicas que parezcan las obras de este autor.

Prefiero señalar que el concepto del artista visual contemporáneo Pablo Helguera se conecta mejor a una idea comprensible de la segunda muerte, y más cercana a la que se nos presenta en el mundo de la literatura trágica. Esta segunda muerte se produce en el olvido del nombre y los hechos de los que vivieron alguna vez, más pronto o más tarde de su desaparición física.

Podríamos pensar que las tragedias que estamos leyendo

han evitado la segunda muerte de estos personajes que encontraron la muerte del cuerpo en los relatos. En tanto los autores siguieron ocupándose de ellos, sus obras se leen y se representan, y nosotros los discutimos, no habrá segunda muerte para ellos. Es quizá en este terreno que, desde una apreciación literaria, podemos retomar la frase 'la zona en que se juega la tragedia'.

EL HIATO EN LA TRAGEDIA

Después de Eurípides, la tragedia desaparece como forma expresiva hasta el siglo XVI. Los intelectuales romanos, al descreer de aquella religión conquistada y readaptada a sus fines de administración y conquista, no piensan que la tragedia transmita de manera perspicua y directa los intereses del Imperio, e impulsan la comedia en todas sus variantes, y la farsa, más grosera en sus formas, pero absolutamente comprensible, para comunicar pensamientos y actitudes que reflejan su hoy. Sí hubo escritores romanos de tragedias, pero no los tenemos en cuenta porque se limitaron a traducir o adaptar obras griegas. Unos pocos, como Séneca, escribieron textos originales, contentándose con hacerlas leer en privado, puesto que, en su sentir, la institución teatral, con base en las modificaciones sufridas, era demasiado vulgar para la gente distinguida e instruida.

Entonces, para concluir: la tragedia nació en los tiempos heroicos de Atenas, y murió en las confusiones y decadencia espirituales que resultaron de la guerra del Peloponeso (el conflicto entre Atenas y Esparta, en la que esta última resultó vencedora). Está claro que, en la medida en que Atenas jamás volvió a liderar la historia ni la cultura, y que las metas de Esparta estaban dirigidas a la expansión territorial pero no a la de la cultura, el pensamiento teatral puramente ateniense quedó coartado en la derrota. Los grandes autores que mencionamos dejaron un lugar vacío, y nadie de su estatura vino a ocuparlo, que fue exactamente lo mismo que ocurrió con el pasaje del espíritu griego a la civilización materialista romana. Finalmente, el derrumbe del Imperio Romano arrastró consigo a un teatro trágico que ya había entrado en decadencia mucho tiempo atrás, y desde el año 400/500 AC hasta el 1600 no hubo un solo dramaturgo que hiciera honor al género, dejando una escena infecunda si bien dedicada a otras formas (la comedia, la sátira, y la farsa) que cumplían con la función de entretener y 'educar' al público al son de las políticas que se fueron sucediendo. Finalmente, la cosa llegó a tal punto que entre los siglos XI y XIII directamente no hubo teatros, sino actores ambulantes que ofrecían casi un remedo de las obras antiguas, y que volvieron a encontrar un espacio con la aparición de las catedrales góticas del siglo XII, aunque esto no significó una vuelta a la tragedia, puesto que el cristianismo intransigente de la época no podía ver con buenos ojos un retorno a los paganismos que tanto le costó desarraigar, y creó formas propias, 'pedagógicas', como los misterios y los autos sacramentales. Queda por decidir si el renacimiento de la tragedia en el s. XVI hizo caso omiso de ellas o tomó algunos de sus elementos para recrearse con la legitimidad que le fue propia.

REGRESO DE LA TRAGEDIA

La historia de Inglaterra, probablemente por su condición de isla, difirió bastante de la del resto de Europa. Conviene recordar que aún hoy el Reino Unido se refiere a Europa en términos de 'el Continente', y que aunque haya aceptado los emblemas de la globalización a los efectos del mercado, los británicos se mantienen insularmente individualistas. Si bien es verdad que el poder de las monarquías hizo declinar el de los señores feudales como ocurrió en el resto de los países – aunque en Inglaterra sucedió antes– la aparición de una clase media incipiente y la secularización resultante de la crítica emprendida por el Humanismo contra ideas y doctrinas tradicionales tuvo orígenes y consecuencias distintos. Habría que traer a cuento aquí el papel desempeñado por la Reforma, pues, a diferencia de las que se practicaron en el Continente, la inglesa no provino de miembros disidentes de una Iglesia corrupta, sino de una circunstancia política ligada a los derechos sucesorios de los reyes. Hay que decir, además, que la monarquía inglesa no apoyaba su poder en grandes ejércitos que fueran gradualmente desmantelando el aparato feudal, puesto que el feudalismo prácticamente se autodestruyó durante la guerra civil llamada 'La guerra de las dos rosas' (s. XV). Desangradas las casas de York y Lancaster, el advenimiento de los Tudor (y no podemos hilar fino aquí, pero eran una rama emparentada con los Lancaster) elevó al poder a figuras nuevas que dependían del favor real, al cual debían servir, porque carecían de posesiones, seguidores, o poder propios. Así se ejerció la autoridad de este gobierno, representado en las provincias por magistrados elegidos de entre la nobleza local que, al servir los intereses de la Corona, servía al mismo tiempo los suyos, y lo mismo puede decirse de los mercaderes y profesionales. Por lo tanto, la subdivisión en clases fue cada vez más laxa, con extraordinaria movilidad social y muy poca tendencia a estratificar los niveles de cultura. Esta sociedad particular necesitaba expresarse en el arte, y la forma que prefirió, por la posibilidad de que se extendiera a la totalidad de sus miembros, fue el teatro.

En la isla, las representaciones típicas de la época medieval que comentamos antes siempre gozaron de popularidad, sostenidas por grupos de actores aficionados que, poco a poco, comenzaron a ser apadrinados por los poderosos, adoptando los nombres de cada mecenas que los albergaba y para quienes representaban su arte, aunque sin estar atados a ellos. Lo que sucedía en la práctica es que siempre se desconfió del actor autónomo, a quien la sociedad sospechaba de ladrón en busca de oportunidades non sanctas, tal como lo describe Shakespeare en el personaje llamado Autólico de su *Cuento de invierno*. No puedo menos que señalar que no hacía falta aclararle al público el simbolismo del nombre, pues estaba bien familiarizado con el mito de su homónimo, hijo de Hermes, abuelo de Odiseo, y rey de los ladrones. Entonces, si para comprender los vericuetos y sutilezas de la tragedia clásica es necesario conocer los mitos, nada cambia al respecto en el teatro isabelino, salvo que hay que agregar los mitos nórdicos y el conocimiento de la Biblia del rey Jacobo I y de la iglesia reformada.

A despecho de cuánto me interesaría desarrollar la evolución de los espacios que desembocaron en la construcción del primer teatro, voy a saltearlo para pasar al resurgimiento de la tragedia, producto del Renacimiento inglés, también llamado Era Isabelina, y del Humanismo, traído a la corte por los maestros de los Tudor de la época en la creencia de que una sólida educación clásica y religiosa (reformada, claro) contribuiría a convertirlos en mejores gobernantes.

El Humanismo parte de la obra de Petrarca, un florentino que pasó la mayor parte de su vida fuera de su tierra natal, pero que inició en ella, a través de Bocaccio y otros autores y pensadores, una visión del mundo que fue en constante evolución a partir del s. XIV, primero en las repúblicas independientes de la zona, luego en los señoríos, y finalmente se extendió como un torrente por el resto de Europa y fue llevada a Inglaterra por Erasmo y apadrinado por Thomas More, para quedarnos en los nombres más conocidos. En Inglaterra se había constituido una clase culta, académica, producto de las universidades, que demandaba lo que los ingleses llaman *food for thought* (alimento para el pensamiento). Los humanistas, entonces, estudiaron las reescrituras latinas de la tragedia griega, y adaptaron a su propia idiosincrasia obras provenientes de los grandes centros de la cultura: Francia, las repúblicas, ducados y principados de Italia, y España y, a su vez, adaptadas y basadas en el modelo clásico, que fue estudiado, traducido, e imitado tanto en la escuela elemental como en Oxford, Cambridge, y las poderosas corporaciones de magistrados que conducían el sistema legal. En muchos casos, personajes y situaciones de la tragedia clásica se fusionaron con versiones autóctonas de la tradición inglesa propiamente dicha. A modo de ejemplo, el *clown*, o *fool* (el bufón) resulta de una combinación entre la ridiculización del diablo en los llamados *morality plays* y el sirviente malicioso de las farsas latinas, bien que aplicado a otro propósito. El paso a la nueva tragedia no fue sencillo ni rápido. El nuevo público 'educado' del que hemos hablado pedía una cosa pero se satisfacía verdaderamente con otra, y es por eso que hubo un interregno de melodramas y tragicomedias donde el intento de revivir la tragedia clásica se suavizaba con los pasos de comedia y romance que más gustaban a este público, a contramano de su discurso.

En un momento de iluminación, el dramaturgo Thomas Kyd ideó una forma denominada 'tragedia de la venganza' que abrió el camino para que los antiguos elementos ajenos a la tragedia pura cedieran a ésta el primer plano. Aunque

Shakespeare es la figura señera de la gran era de la tragedia, no es de ningún modo la única digna de recordarse, ni en Inglaterra ni en el resto del mundo. Marlowe, Lyly, Middleton, Jonson, Chapman, y Webster, con el mismo Kyd ya mencionados, hicieron aportes inolvidables a la renovación de las formas antiguas, e inclusive fueron plagiados por Shakespeare, que tenía la mala costumbre de no crear sus propias historias, y las tomaba no sólo de sus compatriotas sino de autores extranjeros. Queda por verse por qué razón, mientras los demás están frescos sólo en la mente de los eruditos, nadie ignora el nombre Shakespeare, inclusive cuando todavía hoy se discute si se trató de un individuo, de un *nom de plume* adoptado por una compañía de actores que escribía, en equipo, sus propias obras, o de alguno de sus contemporáneos que quiso separar un determinado estilo por el que era reconocido –el ensayo, por ejemplo– del mundo fantástico del teatro, políticamente peligroso y socialmente equívoco. Mucho se sospecha de Francis Bacon, y del conde de Pembroke, patrono de la compañía Shakespeare-Burbage. Pero, quien sea que fuera Shakespeare, dijo en *Romeo y Julieta,* "¿Qué importa el nombre?" En efecto, lo que importa es la obra.

Aparte de los argumentos, muchos de los elementos formales de los que se sirvió Shakespeare (1564 – 1616?) habían sido creados por otros autores. Valga como ejemplo el verso suelto, compuesto por una métrica no rimada, basada en la acentuación del pie, y generalmente formada por pentámetros yámbicos (fuerte/débil, distribuidos en cinco pies). La forma no rimada del verso era ya propia de la tragedia griega y la poesía latina, y el conde de Arundel, al traducir algunas de estas obras al inglés, introdujo el elemento básico, en el sentido formal, de toda la tragedia isabelina. Christopher Marlowe lo combinó con otras métricas para servir las diversas tonalidades emotivas y la profundidad de los temas controvertidos que abordaba en sus tragedias. Podríamos resumirlos en lo que compartían con las demás tragedias de la época: el ansia de poder, no sólo en el ámbito terrenal, sino en el celestial.

El hombre del Renacimiento deseaba reinar tanto en la tierra como en el cielo; es decir, realizar sus ambiciones inmediatas sin perder su alma en el infierno. Era perfectamente consciente de que su oportunidad de ganar el cielo, algo para él tan real como remoto, se veía amenazada por su concentración en los bienes terrenales, tan cercanos y deseables. Entonces, el héroe trágico –genérico– de la tragedia isabelina, es este ser desgarrado por la necesidad de ejercer una elección que le está vedada por su naturaleza misma. En el debatirse consigo mismo, la muerte lo arrebata, y los diferentes autores proporcionan o no una ya inútil epifanía sobre el destino del alma entrevisto cuando ya nada puede remediarse. Éste no es necesariamente el héroe trágico de Shakespeare, aunque sí, sistemáticamente, el de sus contemporáneos. Nos damos cuenta, entonces, de que aquel regreso a las fuentes clásicas no pudo sustraerse a las estructuras de pensamiento judeocristianas.

Basándome a modo de ejemplo en sólo dos de las magistrales tragedias de Shakespeare –*Macbeth* y *Hamlet*– me siento autorizada a afirmar que los espectros, la mención a los demonios, los sentimientos de culpa y remordimiento en relación al pecado, las invocaciones a Dios, las ideas de cielo, infierno, y castigo divino fueron innovaciones a la tragedia impensables fuera de un contexto cristiano. Lo que quedó de la tragedia antigua se manifestó bajo la forma de figuras retóricas en alusión a los ya 'mitos' griegos, cuyo único propósito era enriquecer el florido lenguaje de los textos con tropos –alegoría y metáfora principalmente. Pero ninguna de estas referencias manejaba los hilos de la nueva tragedia ni decidía el destino de sus protagonistas.

Pensando particularmente en Shakespeare, él concibe un héroe trágico cuya falla, falta, o punto ciego 'fatal' (en el sentido de *fate*=destino) lo arrastra por un camino de decisiones equivocadas que sólo se le revelan como tales cuando ya es tarde para remediarlas; es decir, en el momento previo a la muerte. Este modelo trágico no se encuentra a merced de dios alguno; es esencialmente humano y, como tal, falible, y víctima de sí mismo, de sus pasiones, que son esencialmente pasiones humanas. Por añadidura, el héroe trágico de Shakespeare arrastra a muchos otros en su caída aunque, curiosamente, no es en ellos en quienes piensa en el instante final.

Si bien será necesario extendernos, además, acerca de los cambios estructurales que diferencian la tragedia isabelina de las demás, especialmente en cuanto a la ruptura de las unidades aristotélicas estipuladas en la *Poética*, es importante aquí señalar que la permanencia de estas obras se debe, fundamentalmente, a dos razones: la primera, a que la universalidad de las pasiones, bien que adoptando formas distintas en tiempos distintos, no ha cambiado; la segunda, al inigualado uso del lenguaje que el poeta doblegó para que la fuerza de su palabra trascendiera el tiempo.

Las tragedias de Shakespeare se dividen entre la seriación histórica –cuya base de datos fue provista por *The Anglo-Saxon Chronicle*, el primer registro escrito que, iniciado en el s. IX, se mantuvo actualizado por lo menos hasta el s. XII, y por la historia de Holinshed que lo continuó junto con documentos de épocas posteriores– y las tragedias humanas, la mayor parte de las cuales, como hemos dicho, no eran originales, sino reescrituras de otras narraciones inglesas o extranjeras. Pero, dentro de las tragedias históricas, hay que separar dos períodos: el que corresponde a los últimos años del reinado de Isabel I, y el otro, inmerso en la era jacobina, en el que la intolerancia religiosa, algo que Isabel había logrado dominar, vuelve a cobrar fuerza desde el estado y desde el pueblo.

Cuando se dice que la prevalencia de Shakespeare por sobre

sus contemporáneos y más allá de las obras que se tomó la libertad de apropiarse reside en su extraordinaria originalidad, es necesario interpretar correctamente el término. No significa que sus tragedias difirieran significativamente de las de sus contemporáneos, ni que inventara nuevas temáticas. Se trata, más bien, de que su gran talento poético y la intensidad imaginativa que le permitió recombinar el lenguaje de modos inolvidables –y por eso permaneció en el tiempo mientras que los autores de las obras originales fueron olvidados– estaba dotado de una capacidad crítica inusual para la época. No del texto, sino de los temas que trataba. Concentrándonos exclusivamente en las tragedias, todas desarrollan lúcidamente algún aspecto de la complejidad humana. Y todo ello en el entretejido del discurso, en el uso de los tropos, en la inmensa riqueza del léxico, en la flexibilidad de la sintaxis, y en el ritmo que se vuelve un componente indispensable de los significados. El lenguaje de Shakespeare, más que ningún otro, obliga a la abstracción intelectual y confirma la premisa de la semántica moderna de que la comprensión se produce de manera retroactiva, que hay que llegar al final del enunciado para comprender el principio.

Para terminar con las líneas generales, la tragedia isabelina rompe con las unidades aristotélicas en pro de un acercamiento más verídico al relato. Las muertes relatadas por el coro en la tragedia griega, de manera tan efectiva que recuerdo el comentario de una alumna al finalizar el *Agamenón*: "Me sentí bañada en sangre" –aquí se producen sobre la escena. Por otra parte, la supresión del coro, reemplazado sólo en *Romeo y Julieta* por un personaje que hace una breve introducción y resumen de la historia, obliga a que el tiempo se extienda lo más posible dentro de las limitaciones de resistencia de actores y público, y la mimesis/1 hace que se introduzcan subtemas que rompen la unidad de acción pero son fundamentales para la comprensión de los motivos que guían a los personajes. En estas tragedias, por la forma en que fueron estructuradas, el espectador sabe todo lo que los personajes ignoran. Diálogos y monólogos lo enteran de los pensamientos más íntimos; no hay sorpresas. Paradójicamente, este 'saberlo todo' incrementa la tensión a niveles tremendos, porque el espectador se siente tentado de gritarle al personaje '¡No hagas eso!', '¡No le creas!', '¿No te das cuenta de que vas derecho a la perdición?' Y, en efecto, a juzgar por diarios personales de la época, muchos se permitían estas intervenciones. Así se producía una empatía –a veces una antipatía– entre espectador y personaje, y la ilusión del primero de que, si sólo fuera escuchado, él podría cambiar el rumbo, la trayectoria de la que hablamos al principio de estos encuentros. Por lo tanto, ya fuera de la creencia en la predestinación que signaba a la tragedia clásica, el espectador tomaba un rol activo, y me atrevo a decir que, simbólicamente, funcionaba, desde afuera, como el coro antiguo lo había hecho desde adentro. Fuera también de esta creencia, el héroe trágico, no libre del 'error fatal', que es más bien aquí un punto ciego, se lanza empecinadamente en una carrera que termina llevándolo a la muerte, aunque no siempre por las mismas razones. La mayor diferencia reside en que, en el aliento final, se produce la epifanía. El héroe –que bien puede revestir las características de un ser repugnante– advierte, antes de morir, en qué se ha equivocado. Ya es demasiado tarde. Y creo que lo tremendo de esta vuelta de tuerca es morir sabiendo que se cegó ante otras elecciones posibles.

Hemos dicho que Shakespeare escribió una serie de tragedias históricas, y otra más relacionada con la vida y los arquetipos de la época. Me interesa tomar dos obras sobre la historia de Inglaterra, una casi desconocida –*Ricardo II*– y la otra demasiado manoseada por archiconocida: *Ricardo III*. Una mirada sobre la primera nos muestra que, por primera vez en la tragedia, y me atrevería a decir que en la literatura en general, un autor plantea la idea subversiva, considerando el sistema monárquico dominante, de que no basta haber nacido heredero de un trono para ejercer el poder y que, si se carece de las cualidades y aptitudes necesarias, lo correcto es aceptarlo y ceder la corona a quien, sin derechos naturales, está mejor preparado para la función. En el siglo XVI, fecha en que se escribió la obra, esto era impensable, y más aún en el año de los acontecimientos, c. 1397. ¿Era Shakespeare un adelantado al pensamiento político? Claro que no. Pero él escribía entonces bajo el patrocinio de los Tudor, que, como hemos dicho, estaban emparentados con los Lancaster. En muchos quedó instalada la sospecha, e inclusive la convicción, de que Enrique IV, anteriormente duque de Lancaster, se había rebelado contra su primo Ricardo II, de la casa de York, usurpando el trono por las armas. Al persistir la duda acerca de la legitimidad del primer rey Tudor - Lancaster, la sombra de lo censurable roza a los Tudor, la casa de Isabel I. Y entonces Shakespeare, con mano maestra, compone una tragedia en la que Ricardo se 'depone' a sí mismo, por su actitud, sus vacilaciones, su entrega de la corona que no le ha sido pedida, en un parlamento impresionante, donde frente a su primo, que ni ha mencionado el tema, le dice (mi traducción): "Dadme la corona. Venid, primo, tomad la corona". Es cierto que una camarilla de nobles oportunistas entre los que se encontraba otro York, tío de ambos, desea y manifiesta que se haga el traspaso. Pero Ricardo cede demasiado fácilmente; está cansado de un oficio para el que ya ha dicho que no estaba preparado, y prefiere evitarse las molestias de defender su herencia. Entonces, si ha entregado voluntariamente su corona, no hay crimen de lesa traición, el cambio de reyes es legítimo, y eso legitima a todos sus sucesores. Hay otras versiones que relacionan esta obra con la ejecución del conde de Essex, otra historia complicada, y también establecen un paralelo entre la esterilidad de Isabel y la esterilidad política de Ricardo.

El caso de *Ricardo III*, que fue escrita con anterioridad a *Ricardo II*, no es demasiado diferente en esencia, aunque sí en estructura. Lo tremendo de esta tragedia es que el público, entonces y ahora, se la ha tomado al pie de la letra como verdad histórica, cosa que se puede comprobar en la película *En busca de Ricardo III*, cuando se entrevista a personas al azar en las calles de Inglaterra y Estados Unidos, preguntándoles si saben quién era, y todas las respuestas se resumen en "Sí, el rey ese que mató a toda su familia para quedarse con el trono". Y esto a pesar de las muy enjundiosas investigaciones llevadas a cabo y publicadas en el s. XIX, de las que se comprende claramente que nada de eso ocurrió. Sin embargo, a causa de la Guerra de las dos Rosas que se desató a partir del advenimiento al trono de Ricardo III, era necesario marcar, en el imaginario popular, la impronta de la impiedad de este rey para que no quedaran dudas acerca de las razones para combatirlo y suplantarlo. La fuerza de la tragedia de Shakespeare, las características repugnantes con las que invistió al personaje, las palabras que pone en su boca, haciéndole admitir que si se lo ve como un monstruo por su deformidad física va a darles el gusto a quienes lo malquieren comportándose como un monstruo, fue y es más poderosa que la verdad histórica. Podríamos hablar de 'efecto del discurso'. En aquella época se creía que las criaturas del diablo llevaban su marca en el cuerpo, y a esto volveremos cuando analicemos qué tuvo que cambiar en la tragedia cuando Jacobo Estuardo de Escocia asumió el trono de Inglaterra. Mientras tanto, el pobre Ricardo había sido víctima de la polio, y como no era brujo, no pudo haber estado en dos lugares al mismo tiempo; por ejemplo, en las guerras de Escocia y envenenando a su hermano el rey Eduardo. Podemos repetirlo hasta el cansancio. La imagen que permanece es la que creó Shakespeare, también por razones políticas.

Y aquí se ejemplifica una nueva dimensión del tiempo. Fuera del tiempo mítico, el tiempo ficcional derrota al tiempo histórico. Cuando narramos oralmente historias de ficción –teatro, novelas, películas– tendemos a hacerlo en el presente. Ese presente, del que sabemos no representa el momento en el que hablamos, tiene un uso y un fin de permanencia; lo que se narra, en tanto no varía en su núcleo, va a ser siempre un hoy. El tiempo de la ficción queda fijo como presente; el presente es verificable y atestiguable, por lo tanto, si refiere a un hecho histórico, tiene valor de verdad.

Ambas tragedias son producto del s. XVI, y se relacionan con los intereses políticos de los Tudor. Pero cuando cambia la dinastía, Shakespeare escribe las grandes tragedias que han dado tanto pasto al psicoanálisis: *Hamlet*, *Macbeth*, *Rey Lear*, por mencionar las que son muletilla. Estas tragedias dan paso a ciertas preocupaciones religiosas que no han sido tomadas demasiado en cuenta, pues parece que el atractivo de las patologías oscurece otros significados más auténticos. Veamos por qué sí hay que darle importancia, y mucha, a la problemática de la salvación eterna. Esto, nuevamente, se justifica desde la historia.

Isabel I necesitaba desesperadamente un heredero. No pudiendo ni queriendo desplazar la línea sucesoria fuera de su propia familia, concibe un plan espeluznante, y más espeluznante aún porque el elegido acepta las condiciones que se le imponen. Ustedes recordarán que Isabel mantuvo en prisión a María Estuardo, reina de Escocia y prima suya, largos años hasta que se decidió a ordenar su ejecución. Se dice que a Isabel la obsesionaba la idea de que esta reina católica pretendiera, con el apoyo del partido católico inglés, sentarse en el trono de Inglaterra y volver a reunir el país con el Papado. Lo cierto es que María tenía un hijo, Jacobo, del cual no se ocupó mucho, pero que fue bautizado y criado en la fe católica, separado de su madre cuando niño, porque esta madre necesitaba ser primero mujer, y luego por las circunstancias de la prisión de María. No pueden dejar de haber causado una tremenda impresión en el hijo las circunstancias del asesinato de un supuesto amante italiano de su madre, instigado por su padre, y luego el asesinato de su propio padre, el conde de Darnley, amañado, según se dice, por su propia madre y Bothwell, su último amante.

Isabel le propone al hijo de la mujer que asesinó que tome la corona de Inglaterra, bajo la condición de que se convierta al anglicanismo. Jacobo acepta. Se unen las coronas de dos territorios, uno pequeño y salvaje, y otro grande y poderoso que venía persiguiéndolo para subyugarlo desde la época de la ocupación romana, y a partir de la muerte de Isabel, en 1603, el reyezuelo de Escocia conquista, por medio de un documento, al país que nunca pudo dominar al suyo.

Podríamos hablar de muchas cosas acá. De lo que no corresponde hablar es de cinismo por parte de Jacobo. Desde el punto de vista político, hizo lo mejor para su país. Desde el punto de vista religioso, uno en particular de sus preceptores había desgarrado los velos de una cierta hipocresía en la institución católica, y la conducta misma de su madre católica no ayudó mucho tampoco. No sabemos hasta qué punto fue sincera la conversión de Jacobo. Lo que sí sabemos es que cualquier converso –y no estoy hablando solamente de religiones– no cesa en sus intentos de demostrar que es auténtico. En esos intentos, las guerras religiosas volvieron a asolar a Inglaterra como en los primeros tiempos violentos de la Reforma. Jacobo, además de practicar celosamente su nueva religión, era supersticioso, creía en espectros y presagios, y temía por la salvación de su alma. Pareciera que, muy en el fondo, el convenio con la asesina de su madre lo sobrecogía de terror en algún punto innombrable. Una madre que, a su vez, había instigado, permitido, ordenado, o colaborado en el asesinato de su padre.

Jacobo odiaba su poco agraciado físico, pero odiaba más los terrores que lo sobrecogían en la oscuridad de las noches insomnes. Quería verlos, enfrentarlos en espejos que le dieran respuestas. Y allí aparecen los espectros de *Hamlet*, las brujas y apariciones de *Macbeth*, el arrepentimiento tardío de Lear por el mal trato dispensado a la hija que más lo quería, ese arrepentimiento que María Estuardo nunca sintió o, por lo menos, no demostró. Se equivoca quien ligeramente compara al príncipe Hamlet con el arquetipo de la indecisión y la inacción. Hamlet se muestra indeciso y/o inactivo sólo cuando siente que se juega la salvación de su alma. El famoso monólogo "Ser o no ser" tiene mucho que ver con la ideación suicida, con aquello del más allá que no es previsible, con el terror de tomar el camino equivocado y condenarse para toda la eternidad, pues una cosa es morir combatiendo, y muy otra romper los preceptos religiosos y asesinar a un hombre que está orando, o quitarse la propia vida.

A estas alturas, Shakespeare ya formaba parte de una compañía llamada "Los hombres del rey", patrocinada por Jacobo. La historia narrada en *Macbeth* se basa en gran parte en la muy rica historia de los ancestros del rey, y abunda en aquellos elementos que lo deleitaban, si bien contiene también ciertas alusiones respecto de los destinos de quienes se valen de cualquier medio para lograr lo que ambicionan que no deben haberle caído demasiado en gracia.

En toda tragedia isabelina, pero muy especialmente en la de Shakespeare, es posible reconocer, poniendo atención, la voz del dramaturgo transmitiendo su sentido de la vida, y las voces que presta a sus personajes para desplegar lo más sublime y lo más terrible de sus pasiones. El problema de los significados no es menor. Shakespeare no se guió por lo expuesto en *Los cigarrales de Toledo* de Tirso de Molina, es decir, que cada quién habla según la clase de la que proviene. Por el contrario, en sus tragedias todo es metáfora, símil, alegoría, metonimia en cada una de sus variantes, retruécano, alusión mítica y religiosa, y salvo los nexos lógicos y los tiempos verbales, no hay relación directa entre la palabra y su significado denotativo. Los jardineros de *Ricardo II* sostienen una interesante conversación sobre el jardín y sus plantas, pero en realidad hablan del reino y los destinos, de los parásitos que lo desangran, y de la posible cura. Porque así se hablaba entonces, al público no le costaba gran trabajo correrse de la chatura del lenguaje-código para internarse en los significados simbólicos. Nosotros, que somos hijos de la lingüística, de la semántica, de la semiótica, de la pragmática, del análisis del discurso, y de no sé cuántas cosas más que en aquella época carecían de nombre pero latían en los lenguajes, necesitamos de cursos para intentar saber qué se dijo en realidad.

¿Qué significa exactamente la frase "El asesino del sueño" que pronuncia Macbeth luego de dar muerte a Duncan? ¿A cuánta confusión puede llevar que la frase "Get thee to a nunnery", dicha por Hamlet a Ofelia, se entienda hoy, ingenuamente, como "Vete a un convento", tanto en inglés como en sus traducciones?

En fin, los significados simbólicos eran compartidos por autor y público. Hoy la brecha es tan amplia como la que nos separa de los griegos. Vamos a terminar diciendo que Shakespeare, en particular, se sirvió más de los mitos anglosajones y nórdicos que de los clásicos, de los que encontramos algunos, pero nunca en la llamada metáfora sostenida. George Steiner afirma que, por esta razón, escapó a la trampa del neoclasicismo. Queda por ver que no ocurrió lo mismo con los autores franceses, y quizá podamos inferir el por qué.

---

1 Imitación de la vida mediante el arte.

HAMLET EN LA PERSPECTIVA CONTEMPORANEA

Al igual que las otras tragedias de Shakespeare, *Hamlet* no es una creación original, sino que proviene de una historia inserta en la *Gesta Danorum* [La gesta de los daneses] escrita por Saxo Gramatico en el siglo XII.

H. D. F. Kitto y C. S. Lewis, los críticos y estudiosos de Shakespeare más prominentes del siglo XX, arribaron a conclusiones diferentes de las de sus predecesores. Según estos autores, la obra no se trata de lo enigmático del personaje, sino de un hombre que atraviesa una experiencia: hombre y experiencia son, en este caso, inseparables. Se equivoca quien afirma que se trata de la imposibilidad de decisión, o de razones insondables por las cuales Hamlet, sabiendo lo que debe hacer, se rehusa a llevar a cabo la acción. Es, por el contrario, una obra sobre la muerte y la corrupción: la muerte se presenta tanto como un hecho físico cuanto como un terror metafísico, dado que la corrupción se manifiesta bajo la forma del empecinamiento en rehuir la comprensión de lo que sucede, la sensualidad grosera, y la maldad deliberada. Antes de penetrar en el pensamiento consciente del protagonista, que domina la mayor parte de la obra, consideremos lo que en ella se desarrolla haciendo caso omiso de la visión de Hamlet mismo, a través de la cual se nos presenta.

Se sabe que, en todas sus tragedias, Shakespeare define el 'clima', que no debe comprenderse como un trasfondo vagamente efectista sino como parte integral de la estructura de los significados que construyen la obra. En *Hamlet*, con la economía que caracteriza al autor, se nos advierte de una fría oscuridad que "enferma el alma". En la quietud que envuelve el comienzo, las voces suenan altas y aprensivas. Hay algo ajeno a lo humano en esta atmósfera, que pronto va a hacer contraste con el brillo, la pompa, y la autocomplacencia de la corte de Claudio. En este comienzo oímos hablar de, para luego ver, el espectro de un muerto. Es necesario enfatizar que la 'fórmula' que rige a *Hamlet* no es "un hombre que debe vengar la muerte de su padre" sino "un hombre a quien un espectro le ha transmitido un mandato". Mientras que en otras tragedias del mismo autor muchos de los personajes piensan en la muerte, ninguno reflexiona sobre lo que significa estar muerto. En cambio, en *Hamlet* el espectador mismo no puede evitar estos pensamientos, ya se trate en términos de lo que ocurre con el cuerpo o con el alma. El espectro del muerto – por tanto, la muerte– desencadena la acción, que finalmente arrastra otras ocho vidas. El recuerdo de aquella primera muerte se encuentra fresco todo el tiempo, desde la primera escena, pasando por la imitación llevada a cabo por los actores que Hamlet contrata para movilizar los temores de su tío-padrastro, y por la pregunta retórica formulada por Fortinbras al final.

Se ejemplifica lo inescapable de la muerte en frases como "*tu padre perdió un padre que a su vez perdió el suyo*"; el tema que hace ligazón es la muerte del padre. La de Polonio, por ejemplo, expresada en el entierro secreto y compuesta de polvo; en la locura de sus canciones, Ofelia mezcla muerte y sexo, y la elaborada descripción de su muerte en el agua no ahorra detalles. Sobre esta estructura sobresale la escena con los cavadores de tumbas, y los nombres de personajes vulgares y sobresalientes compartiendo un mismo destino.

Entonces, por un lado la muerte no da respiro; por el otro, la vida en este ambiente se vive con una autoafirmación vigorosa y brutal. En este mundo al que Hamlet se enfrenta, los hombres, en tanto género humano, saben bien lo que quieren: hartarse de comida y bebida, de sexo, y de poder, tres elementos que obliteran la inevitabilidad de lo que sobrevendrá tarde o temprano. La corrupción moral es notoria, e incluye el asesinato, pero aún antes de enterarnos de que Claudio es un asesino, es evidente que el autor pretende que observemos algo repulsivo en él desde su primera aparición, y esto se desprende de su primer parlamento, compuesto a la manera de Belial, uno de los demonios de Milton en su *Paraíso Perdido*. No necesitamos enterarnos de lo que Claudio pudo haber hecho antes de conocerlo para reaccionar malamente ante su actitud. Ni la eficacia con que conduce la política del reino ni su ostensible bondad hacia su sobrino logra borrar esa primera impresión negativa. Por añadidura, su matrimonio, incestuoso según la religión vigente, ha sido aprobado unánimemente por el Consejo del Reino. En toda la corte no se levanta una sola voz de protesta contra este acto de corrupción suprema, a excepción de la de Hamlet, ni sería lógico esperarlo, puesto que la vida en el palacio se nos muestra compuesta de placeres groseros y vulgares en los que encuentran lugar la ceguera moral e intelectual de Polonio, el servilismo de Rosencrantz y Guildenstern, la bajeza de Laertes al aceptar la ayuda del veneno para asegurarse la victoria en duelo, y la banalidad sin seso representada por Osric, introducido por Shakespeare en el climax de la tragedia para algo más que aliviar la tensión dramática.

Este es el mundo que apaña la sensualidad otoñal de Claudio y Gertrudis. "*Algo está podrido en Dinamarca*", lo cual significa que la humanidad, en este recorte realizado en la tragedia, no sufre de un mal específico, sino del Mal, como principio opuesto al Bien.

Con toda su truculencia, *Hamlet* no es un despliegue de horrores, sino el efecto de tales horrores en un tipo particular de conciencia. Aquí radica el mayor interés, y la pregunta tantas veces formulada (¿por qué no termina de decidirse?) se encuentra por completo subordinada a una pregunta más amplia e inclusiva: ¿Qué impacto produce en la conciencia de Hamlet ese mundo al que se tiene que enfrentar? La supuesta parálisis que lo detiene deriva del hecho que la concentración exclusiva en el mal, a su vez, corrompe. Corrompe la voluntad, la noción del deber, y el ordenamiento de los valores. En este mundo donde todos parecen haberse apartado del camino recto, vigilándose mutuamente, espiándose, complotando, en medio de angustias que los torturan, el príncipe no sería la excepción. Pero, como la atención no se aparta de la senda tortuosa emprendida por un personaje tan superior a los demás, la obra finalmente se convierte en un examen impiadoso del problema de la conciencia y de la propia identidad. Por ello la línea que todos recordamos: "*Ser o no ser, he ahí la cuestión*", aunque jamás nos pondremos de acuerdo sobre su significado.

El clímax del primer movimiento es el encuentro entre Hamlet y el espectro. Parecería, sin mucho análisis, que Shakespeare se cuida de mantener el estatuto del espectro más o menos neutral. Quienes hablan de él lo hacen en tales términos que los espectadores no pueden menos que preguntarse si se trata de un espíritu 'bueno' o 'malo'. En un análisis cuidadoso, es posible concluir que, aún si las razones del espectro son 'buenas' o 'justas', no hay ambigüedad en la tentación que le presenta a Hamlet pidiéndole que se asome y contemple, horrorizado y fascinado a un tiempo, un abismo rezumante de mal.

Como tal, el mal es bien real, y Hamlet retrocede ante él con violencia ("*Oh que esta carne demasiado, demasiado sólida se disuelva*" y las líneas siguientes). La pregunta es cómo hará para vérselas con este mundo, no en la acción, sino dentro de su propio ser. El mandato del espectro le exige concentrarse en el mal, y Hamlet se rinde ante este mandato: no ante el pedido de venganza, sino ante el concentrarse en el mal. Al responderle que olvidará todo, y que sólo el mandato vivirá en su cerebro, es estremecedora la magnitud de ese 'todo', puesto que significa que Hamlet no sólo ve el mal que lo rodea, no sólo lo detesta y lo rechaza, sino que permite que lo que ha visto active algo en su interior, algo que bien podríamos llamar su ahora sensación de corrupción, que le produce ese estado de inercia del que es el primero en sorprenderse.

Hasta aquí, los críticos. Ahora mi palabra. Sin duda sólo hemos empezado a devanar la madeja, pero no se comprende una obra de esta magnitud después de una sola lectura, sino que muchas lecturas esparcidas en el tiempo van decantando sentidos que nos conforman más que otros. Me interesa insistir en este aspecto muy poco tomado en cuenta del mal. En las lecturas e interpretaciones posteriores a la segunda mitad del siglo XX, cuando las grandes religiones perdieron la dimensión con que fueron creadas y sostenidas, pasando a convertirse en ritos sociales, en mitos modernos, o en formas supersticiosas de la ignorancia, se perdió también la comprensión de un mundo que creía firmemente en los dos poderes rectores del universo; es decir, los principios antagónicos e igualmente poderosos del bien y el mal como agentes supremos del hacer del hombre. Las palabras que los designan y los conceptos que ellas traducen se banalizaron hasta alcanzar el vaciamiento de su significado, y no es fácil para las últimas generaciones ponerse en la piel de los creyentes de otros tiempos. No debe entenderse que estoy pidiendo 'fe'. Yo misma la veo como un hecho fenoménico, como un objeto de observación. Sin embargo, no es posible leer estas obras haciendo a un lado lo que preocupaba al hombre en el momento en que fueron escritas. Si no hay registro de la fuerza con que la convicción de aquellos tiempos animaba el pensamiento, todo análisis se desvía de la preocupación esencial que guió la escritura. Parafraseando al gran historiador Arnold Toynbee, a quien tuve el honor de escuchar varias veces, y que afirmaba que es imposible comprender la era atómica con una mentalidad pre-atómica, digo que es imposible comprender la lógica de la tragedia isabelina con una mentalidad post-isabelina. Se requiere el esfuerzo de retroceder en el desarrollo de las creencias –de la falta de creencias– para sumergirse en la aproximación, y sólo en la aproximación, de lo que Shakespeare intentaba transmitir reduciendo la totalidad de su tiempo a un lugar y unos personajes arquetípicos que la representaban.

El resto de las interpretaciones –si bien nosotros vamos a seguir por esta vía, por ser ella tantos años descuidada – se nutren en exceso de teorías filosóficas y psicoanalíticas muy posteriores, de indudable valor práctico, pero demasiado alejadas del ánimo que impulsó la creación de las obras. Todo autor pretende dar testimonio de su época. Toda apreciación literaria debe tener en cuenta ese contexto. Esa es la roca donde se apoyarán los estudios del lenguaje elegido, de las formas poéticas, de las transmutaciones lingüísticas, de las pasiones en juego, para recién después extrapolar las nuevas ciencias y buscar otros sentidos ajenos a la literatura propiamente dicha. Comenzar al revés es muy mala idea, pues lleva a servirse de un propósito transparente dentro de una lógica encuadrada en un tiempo acotado para dar cuenta de otras problemáticas sostenidas por un afán de ejemplificar los conflictos de hoy rebanando la base sobre la que se construyó la obra original.

Hamlet, al igual que el resto de las grandes tragedias, sigue viva en cualquier clase social de todo tiempo... si aislamos los conflictos que presenta. Pero si la despojamos de la preocupación moral, de la lucha interna entre el Bien y el Mal, y de las manifestaciones externas que la lucha producía entonces, no estamos leyendo la obra real, sino los espejos que quisieron reflejarla fuera del campo literario. Espejos esclarecedores y bienvenidos, desde luego, pero no si ignoran o reniegan de la imagen original.

En *Hamlet*, mediante la exploración de lo que algunos llaman 'estado de ánimo' y otros 'conciencia', se revelan, mediante el lenguaje, la razón, la emoción, la actitud hacia el mundo (los otros) y la actitud hacia el yo, constituyendo una síntesis.

Al igual que ocurre en el mito, la obra en verso se basa en la percepción intuitiva de lo más recóndito de las pasiones y los motivos humanos, ocultos en las profundidades de la mente, aunque Jung diría que se trata del inconsciente colectivo.

En una época en que nada parece válido si no se lo comprueba a través de algún método científico/pseudocientífico, es necesario contrarrestar el intelecto ejerciendo una lectura poética e imaginativa, porque no es a través del pensamiento racional que se aprehende toda la riqueza de la obra. Si bien los contenidos sociopolíticos y morales están a flor de letra, en la superficie de la escritura, la poesía, como forma compuesta por los tropos o figuras retóricas, es la que revela en el nivel profundo los abismos oscuros de motivaciones que no pueden formularse en lo pedestre de la prosa. En las traducciones, donde el que trasvasa de un idioma a otro se ve obligado a sacrificar algo, evidentemente lo que queda sacrificado es la poesía (la forma), y lamentablemente eso contribuye a que se pierdan parte de los contenidos. Pero si se optara por lo contrario, el daño sería mayúsculo. Cito la crítica de un antiguo autor español cuyo nombre se me escapa a raíz de la conservación de la forma poética por sobre el contenido conceptual, expresada irónicamente de este modo:

Tomando una vara de membrillo,
Le propinó tremendo golpe en el tobillo.
Menos mal que no era de enebro,
Pues si no se lo daba en el cerebro.

Estas líneas llaman la atención sobre cómo la elección de una palabra (membrillo, por caso) va a subordinar las restantes elecciones en función del verso. Al respecto, y aunque no estoy de acuerdo con mucho de lo que postula, es ilustrativo un libro de Umberto Eco llamado *Decir casi lo mismo*. Pensemos que si ya en una versión original, por la particular relación del hombre al lenguaje, no es posible decirlo todo, el resto no dicho de las traducciones deja agujeros enormes. Y esto es lo que hay que salvar permitiendo que el texto se absorba por las emociones antes que por la razón.

Como humanos que somos, parecería que no podemos evitar juzgar a los personajes de ficción, tal como lo hacemos con los seres de carne y hueso. No puede pedírsele al lector/espectador que suspenda la función del juicio, pero sí que use de todos los elementos que la obra le proporciona para potenciar el veredicto.

Mientras que en la gran mayoría de las tragedias, clásicas o no, se ve claramente cuál es la causa y cuál el efecto, aún cuando la causa la tengamos que buscar fuera del texto, en los mitos que lo sostienen, en *Hamlet* es muy difícil separar ambos elementos. Se aprecia, en efecto, un movimiento de apartamiento, repugnancia, renuencia, por parte del protagonista, pero no estamos seguros de si dicho movimiento es el efecto de lo que presencia, la causa desencadenante de su destino, o ambas cosas a la vez. T.S. Eliot, poeta, ensayista, y autor de magníficas comedias dramáticas en verso, ha dicho que la reacción de Hamlet "es exagerada ante los hechos que se presentan".

Lo cierto es que no llega a equilibrarse con movimientos hacia lo positivo, hacia la vida, y se acepta compulsivamente el camino de la muerte, que si bien es inevitable, no tiene por qué ser buscado a destiempo.

La ominosa repetición del juramento de 'recordar' que Hamlet hace al espectro borra todo lo demás, y la negación de la existencia de ese todo incluye su actitud hacia la muerte. L.C. Knights piensa que "el temor excesivo a la muerte a menudo expresa el temor a la vida". Es interesante volver sobre el monólogo en el que Claudio dice: "*Sí, pero morir y no saber dónde vamos*". No es que Claudio manifieste dudas religiosas, sino que lo atormentan, por un lado, la descomposición del cuerpo si es que el alma o estado de conciencia no lo abandona de inmediato –y no hay modo de saberlo– y por el otro a cuánta misericordia divina tendrá derecho si se arrepiente. ¿Purgatorio o Infierno? No hay otro lugar donde ir en su contexto.

Hamlet, por su parte, muestra una actitud ambivalente. Hay negación y fascinación en el proceso de corrupción del cuerpo (escena del cementerio, línea en la que afirma que Polonio está '*en la cena*' –siendo comido por los gusanos, pues ya está muerto, de modo que Polonio es la cena). El famoso monólogo de "Ser o no ser" está construido sobre dos metáforas contrastantes: la vida, entendida como una fuerza hostil, con el poder infinito de infligir dolor, y la muerte, que relaja la tensión, pues cuando te abandonas a la muerte ya no es necesario luchar. Si el mundo se concibe como enteramente hostil, hay que estar siempre a la defensiva y someterse al dolor. ¿Cuál es el límite de tolerancia? Me atrevo a decir que Hamlet se suicida, aunque no por su propia mano. En tanto manifiesta el deseo de retraerse de una etapa adulta de la conciencia, su vida, vaciada de significado, le indica que lo mejor es aceptar la muerte.

Confrontado al par complementario vida-muerte, Hamlet compara, sin poder tomar partido. Esta duda fundamental, mucho más importante que la vida-muerte del otro (Claudio), explica el por qué de la vigencia de la obra. Se la ha visto como una imagen de la modernidad, del alma sin creencias sólidas, errante, causando finalmente la catástrofe que arrastra a otros y a sí mismo. Una lectura posmodernista sería sin duda diferente. El posmodernismo –no se asombren– es creyente. Creyente en la materialidad, en la perpetuación de la juventud, en la independencia del individuo respecto del entorno, en la mutación constante. Es otro tipo de creencia, pero tiene bastante éxito en alejar la sombra de la muerte.

Hamlet, para su desgracia, era un intelectual. Un intelectual en el verdadero sentido de la palabra, no uno de los así llamados por el marketing de la 'cultura'. Lo que digo es que su única herramienta para conectarse consigo mismo y con el mundo era el intelecto. Este tipo de personalidad queda en estado de vulnerabilidad pura ante el shock emocional, pues no sabe qué hacer con él. En la relación que sería dable esperar entre el pensamiento y el sentimiento, habría que buscar en el texto la falta de respuesta del intelecto ante ciertos aspectos de la vida emocional. La explosiva escena con la madre es una clave para inferir que cuando el intelecto de esta personalidad queda descolocado porque la escena se juega en el campo de las emociones, es suplantado por la ira ciega. Esto se condice con la observación anterior acerca de la retracción de la etapa adulta. En otras palabras, la reacción, aún si incluye la violencia extrema –o por eso mismo– es infantil.

En esta obra, las emociones dominantes, aquellas con las que no se sabe qué hacer, son activadas por shocks específicos, pero no pueden atribuirse sólo a los shocks.

El gran escritor ruso Ivan Turguenev, inscripto en la corriente del realismo ruso del siglo XIX y seguidor de Hegel, afirmó que "Hamlet es analítico y egoísta, y el escepticismo personificado. Vive para sí mismo. Como todo egoísta, no se tiene fe, pues la fe sólo puede ponerse en el afuera y en el arriba. Y sin embargo se aferra a su yo, el yo en el que no cree, el centro al que siempre retorna porque no puede aferrarse a un afuera. Lo que en verdad sopesa es su posición estratégica, no su deber".

Es evidente que, recordando lo que hemos dicho del juicio del personaje, para Turguenev Hamlet es culpable de crímenes morales, ante los cuales este autor no muestra ninguna piedad.

Otros autores, sin disentir con la opinión citada, agregan que esta visión desecha dos hechos fundamentales que el texto trasluce, como el genuino dolor ante la pérdida y la genuina pasión revulsiva contra el Mal, dos elementos que el intelecto no puede tramitar.

Max Plowman, por su parte, toma una posición menos severa cuando dice que Hamlet se ha elevado por sobre el puro instinto, que es el nivel en el que viven quienes lo rodean, y donde la venganza es natural de por sí, pero no ha logrado alcanzar un grado suficientemente pleno de conciencia. Hay que aclarar aquí que Plowman es producto de la primera mitad del siglo XX, y por lo tanto, contaminado por el psicoanálisis. Sin embargo, vale la pena enterarse de lo que dice:

"Cuando nos ocupamos de la conciencia objetiva, nos damos cuenta de que nadie vive para sí mismo. Sabemos que la vida es la interacción entre sujeto y objeto, y que un individuo totalmente aislado no vive; sólo existe, en tanto el completo aislamiento es la falta de interacción con todo aquello externo al yo".

Hamlet, al ver de muchos, se encuentra en "*el más ingrato de todos los estados*". La línea pertenece a la obra, y se interpreta como que se ve a sí mismo en el rol de una conciencia inmersa en un mundo sin conciencia (moral, en ambos casos). Su dilema más profundo es que todo lo que lo ofende y lo asalta desde el afuera y el adentro, incluida la repugnancia ante la crudeza de la sexualidad –nada más lejos del intelecto– es algo con lo que finalmente cualquier individuo necesita reconciliarse y construir a partir de ahí. Es característico de los personajes trágicos de Shakespeare que se vean obligados a enfrentarse con cosas que, mínimamente, los avergüenzan intolerablemente. En el caso de Hamlet, cuando son sus propios actos los que deberían llevarlo a la reflexión y al arrepentimiento, una vez sumergido en la corrupción en la que lo precipitó su promesa al espectro paterno, va a encontrar siempre el modo de sacudirse la culpa o responsabilidad, que es un modo de evitar la vergüenza. Esto se ve claramente en los parlamentos que siguen a la muerte de Polonio, en el que dedica a Laertes en el entierro de Ofelia, y en el terror que llega a inspirar a su madre en la escena de la alcoba, al punto que ella teme que la mate.

No está de más recordar la edad del personaje. Por todo lo que hemos leído en la obra misma, por los temores que padece, por la actitud auto-exculpatoria, por el horror que le produce lo que el sexo 'tuerce' en la mujer, especialmente en la madre, imaginamos que se trata de una persona muy joven. Pero hete aquí que el personaje tiene treinta años. Detenido en algún momento anterior –en el momento del pleno desarrollo del intelecto, no acompañado por el de las emociones– se siente fascinado por lo mismo que condena. Las emociones (que las tiene, como cualquier ser humano, sólo que no han encontrado su rumbo y giran en el vacío), hacen que se refugie en 'poses'. El indignado, el loco, el filósofo, el conspirador, el cretino (respecto de Ofelia). Los momentos de sinceridad auténtica aparecen en los monólogos y en los diálogos con Horacio. Todo lo demás es melodrama, calculado, y actuado para dos públicos: los otros personajes, y el que llena el teatro. ¿Por qué? Porque, creo, se va probando las emociones como trajes, a ver con cuál se siente más cómodo, en la medida en que todas le han caído de golpe y no hay experiencia previa. Hamlet, arrojado al mundo real, no se encuentra. Entonces, retomando la pregunta acerca de cuál es el verdadero problema aquí, no hay más remedio que recurrir a la cuestión de los valores. La muerte es un no valor; la vida, tal como se vive en el mundo corrupto, también. Ahí se plantea la pregunta por el ser, por la esencia del ser. ¿Ser para qué?

Vamos a darle otra vuelta de tuerca a la cuestión de la existencia intelectual. El poeta y filósofo S.T. Coleridge, autor de un bellísimo artículo sobre *Hamlet*, dice que "sólo un hombre capaz de sentimientos profundos puede producir pensamientos profundos, puesto que toda verdad se presenta como revelación". Claramente, la revelación no proviene de la lógica aristotélica. Para resumir su teoría, el conocimiento es función del ser; de lo que somos se deduce lo que sabemos.

Si Hamlet no es, sino que existe en un plano intelectual, todo su sistema de pensamiento gira en el vacío, y no alcanza el conocimiento propio ni ajeno. Antes de hacer, necesita conocer/saber, que en inglés son la misma palabra.

Respecto del amor, tema que los convoca a ustedes, *Hamlet* no es precisamente una obra sobre el amor, sino sobre las desviaciones y estragos de amores que el texto no explicita.

Dos leit motifs dan cuenta de esto. Uno es el incesto, que se presenta con relación al matrimonio de Gertrudis con su cuñado, en la actitud de Laertes hacia su hermana, a quien se dirige en términos de una connotación sexual innegable, y cuyo cuerpo muerto toma en sus brazos arrojándose a la fosa, y en Hamlet mismo, a través de la manera obsesiva en que se tortura imaginando la vida sexual de su madre con el nuevo esposo. El otro es la misoginia, importante factor inhibidor de las relaciones de Hamlet con las dos mujeres de la obra. Hamlet ha desarrollado una asociación entre la sexualidad femenina y la corrupción moral, y ello explica, en parte, su violencia hacia Gertrudis y Ofelia.

El personaje de Ofelia es, paradójicamente, uno de los más lineales entre los/las protagonistas de las tragedias a la vez que, probablemente, el más enigmático. En algún momento, antes de partir del reino, Hamlet la amó. Y quizás habría podido seguir amándola, refugiándose en ella, si ella no fuera una hija obediente que accede a sonsacarlo por orden de Polonio, su padre. Hay que decir aquí que tanto su padre como su hermano siempre descreyeron del amor de Hamlet, que tomaban por simple lujuria, y que le llenaron los oídos a la muchacha con advertencias de no resignar su virginidad antes de asegurarse el anillo de bodas. De todos modos, a Polonio le importaba poco la cuestión del amor y mucho la del anillo, pues el casamiento de su hija con Hamlet la habría llevado eventualmente al trono si todo fluía normalmente, en cuyo caso el simple consejero se habría convertido en suegro del rey.

Dijimos antes que cierta fijación en las ideas de Hamlet explicaba, en parte, su actitud violenta. Veamos otro aspecto en el que ésta se sostiene. Hamlet hace una generalización sobre las mujeres a partir de la conducta de su madre: si Gertrudis se conduce como una prostituta, todas las mujeres lo son, y las peores son las que se escudan tras una apariencia inocente y pura, cual sería el caso de Ofelia. Siguiendo este razonamiento, toda prostituta tiene un proxeneta. El de Ofelia es su propio padre, a quien Hamlet evidentemente ha escuchado aconsejarla para que use sus encantos a fin de obtener la información que interesa al rey. Y Hamlet le tira a Polonio la palabra "*fishmonger*"/1 a la cara, aunque siendo el consejero poco avispado para comprender las metáforas, no percibe el insulto.

Kay Stanton, en un ensayo titulado *Hamlet's Whores* [Las prostitutas en Hamlet], dice lo siguiente:
"[...] Lo que parece enfurecer a Hamlet cuando envía a Ofelia al burdel (*la palabra 'nunnery', mal traducida como 'convento'*) es que ella ha puesto su amor y sentido del deber en otro hombre –su padre– tal como Gertrudis ha preferido a su nuevo esposo, olvidando la devoción que Hamlet entiende le debía al difunto rey. Gertrudis elige a un hermano antes que a un Hamlet padre muerto, y Ofelia elige a un padre antes que a un Hamlet hijo vivo. A los ojos de Hamlet, ambas opciones aparecen como perversiones sexuales en tanto se trata, en todo caso, de 'incestos'".

Algunos autores suponen, tal vez con razón, que la lascivia de las canciones de Ofelia cuando ya ha perdido la razón señala que sí entregó su virginidad a Hamlet en algún momento anterior al tiempo de la tragedia. ¿De dónde, si no fue así, conocería la muchacha estos temas? Si esto fuera cierto, reforzaría el argumento que alimenta la furia del príncipe, pues ella también se ha entregado como una prostituta, rebajándolo a él al papel de simple 'cliente'.

Visto desde Ofelia, que se nos presenta como un objeto pasivo de uso y abuso por parte de los hombres que debían protegerla en función del amor, ella los ama a todos, y no alcanza a resolver las traiciones de las que es objeto más que en la vía de escape que le ofrece el aislarse de la realidad que la destroza. En cierto sentido, y para llevarla al colmo de la incomprensión, los tres hombres de su vida la abandonan, pues su padre muere asesinado y su cuerpo es escamoteado de los ritos funerarios, su hermano está ausente cuando más lo necesita, y Hamlet se desentiende de ella con una crueldad lacerante, y creo yo que en la ambivalencia entre el odio nuevo y algún vestigio del amor antiguo que desea apartarla de él, Hamlet recurre a hacerse odiar por ella para que no la lastime el destino que él ha asumido para sí.

A modo de consuelo, pues en mi opinión nuestra búsqueda del amor en *Hamlet* nos ha mostrado aspectos muy poco amables, digamos que existe una relación de afecto/amor entre Hamlet y Horacio. Sin embargo, Horacio es una necesidad escénica, una creación magistral de Shakespeare para mediar los desbordes de Hamlet ante el público, de modo que éste, confiando en la cordura de Horacio, no se vuelva contra Hamlet, descartándolo como a un 'loco' desde el inicio mismo. Él se describe a sí mismo como '*más un antiguo Romano que un Danés*', es un filósofo, y funciona al modo de un testigo dispuesto a relatar los hechos al mundo. Dentro de la relación misma, Hamlet y Horacio no son pares. Hamlet lo admira y se confía solamente a él; es su 'cable a tierra'. Horacio ejerce una función semejante a la de un hermano mayor, y su mayor dolor reside en no poder apartar a Hamlet de la muerte que viene buscando con tal insistencia que finalmente la encuentra.

Vamos terminando. En una síntesis casi grosera, hemos visto los avances y retrocesos de un personaje perdido en sí mismo y en el mundo que le tocó vivir, pero que hacia el final de la obra, 'encuentra el camino', o la respuesta, y actúa en consecuencia.

Para puntualizar cómo encarar esto, convengamos en que el camino o el acto necesariamente conducen a un fin trágico, o nos equivocamos de género. Un principio fundamental de la tragedia Shakesperiana, y de cualquier obra de arte, es que las partes no significan sino con relación al todo. Por lo tanto, es erróneo y/o deshonesto tomar una escena, un monólogo, una línea, para encastrarla en alguna otra teorización, cercenándola de su antes y después. En el caso particular de Shakespeare, todas las escenas en las cuales sus héroes trágicos encuentran la muerte contienen una dosis de misterio que desafía lo racional. Esto, si las desligamos de lo que ocurrió antes, pues siempre son finales anunciados desde el principio, y debemos aplicar la regla de la comprensión retroactiva. El personaje del que se trate, y en este sentido todos son iguales, llega a la muerte en el preciso momento de la revelación, llamada por algunos autores madurez, que descorre el velo del error o falta fatal que lo venía cegando hasta entonces. El Hamlet que ahora sí, al final, está dispuesto a matar y a desempeñar el rol del vengador, está también dispuesto a morir. No a una cosa o la otra; a ambas. Dejo a ustedes pensar y tratar de dar cuenta de por qué debe ser necesariamente así.

Bibliografía citada

Coleridge, S. T. "Recorded by me" en Lectures and Notes on Shakespeare and Other English Poets". George Bell & Sons, 1904. (La conferencia fue dictada en 1918).

Eliot, T. S. "Hamlet and His Problems" en The Sacred Wood Essays on Poetry and Criticism. Methune, 1921.

Kitto, H. D. Form and Meaning in Drama: A Study of Six Greek Plays and Hamlet,1964 (no se menciona editorial)

Knights, L. C. Some Shakespearean Themes & An Approach to Hamlet'. Stanford Universiy Press, 1960/1961.

Lewis, C. S. Hamlet, The Prince or The Poem. Folcroft Library Editions, 1973.

Plowman, Max "*Some Values in Hamlet*" en Hamlet & Other Shakespearean Essays, L. C. Knights. Cambridge University Press, 1979.

Turgenev, Ivan Hamlet & Don Quixote: An Essay. Folcroft Library Editions, 1975.

Stanton, Kay "*Hamlet's Whores*" en New Essays on Hamlet. AMS Press, 1994.

---

1. Si bien el significado corriente del término es 'pescadero', en el inglés isabelino era también sinónimo de 'proxeneta'

NOTAS PRELIMINARES SOBRE *MACBETH*

Los sucesos históricos que inspiraron esta obra se encuentran en un impreso parisino del año 1526, titulado *Scotorum Historiae* [Historia de Escocia], y escrito por Héctor Boethius. Este tratado, en que la historia, la tradición y la fábula se encuentran estrechamente mezcladas, fue traducido en 1541 al dialecto escocés, y vertido a las crónicas del historiador Holinshed, de donde Shakespeare toma información para componer todas sus tragedias históricas.

El dramaturgo trata con toda libertad los documentos, pues lo que intenta rescatar de ellos es una mirada al hombre y sus pasiones.

A partir de 1778, a partir del descubrimiento de una obra escrita por Middleton en 1610 e intitulada *La bruja* se plantea un problema. Los puntos de semejanza son manifiestos; ¿quién plagió a quién? La opinión más difundida entre los críticos es que el texto de *Macbeth*, tal como ha llegado a nosotros, no es enteramente producto de la pluma de Shakespeare. Por el contrario, ciertas partes no recuerdan en nada su estilo, y sí fuertemente el léxico de Middleton. A estos críticos les resulta difícil de creer que la escena II del Acto I y todas aquellas en las que aparece Hécate procedan de Shakespeare. Sostienen que todas estas escenas son inútiles al desarrollo de la trama, que encierran pasajes contradictorios con el resto de la obra y que adolecen de una debilidad de estilo que contrasta con la lengua del poeta. Por otra parte, el estilo evoca enseguida el de Middleton, y Hécate es el personaje principal de *La bruja*. Mientras algunos piensan que estas escenas fueron añadidas al texto con posterioridad, y no por Shakespeare, no existiendo prueba de ello, es igualmente válido suponer que la presencia de lo sobrenatural o sus metáforas como recurso literario hayan sido utilizadas –y plagiadas– por el autor para ahondar en la psicología oscura de su protagonista. Añadimos que, habiendo sido esta obra escrita durante el reinado de Jacobo I, un monarca atormentado por lo sobrenatural, bien podría haber ocurrido que Shakespeare incluyera a las brujas, fueran o no su creación, para complacerlo, del mismo modo en que sugiere que Jacobo, el primer escocés que reinó en Inglaterra, estaría incluido en la línea sucesoria proveniente de Banquo,

La grandeza de la obra fue descripta por Hazlitt, uno de los mayores conocedores de Shakespeare, del siguiente modo en 1817: "*Macbeth* está compuesto siguiendo un principio de contrastes más violento y sistemático que ninguna de sus otras obras. Los personajes se mueven al borde de un abismo; es una lucha constante entre la vida y la muerte. La acción se manifiesta furiosa y seguida de una reacción terrible. Es una mezcolanza de exageraciones violentas, una guerra de naturalezas contrarias, esforzándose por destruirse la una a la otra. Nada hay que no llegue a un desenlace violento o no proceda de inicios violentos. Las luces y las sombras están pintadas con mano potente; las transiciones del triunfo al abatimiento, del exceso de terror al descanso de la muerte son bruscas y embargadoras. Toda pasión acarrea la pasión contraria, y parece que hasta los pensamientos se tropiezan y chocan con la oscuridad. La tragedia entera es un caos desordenado de cosas extrañas y criminales, en que el suelo tiembla bajo nuestros pies. El genio de Shakespeare socava aquí los últimos límites de la naturaleza y de la pasión".

Por último, a modo preliminar, pues mucho se ha escrito sobre el tema, creo importante destacar un comentario de Schlegel: "Las brujas son vulgares e innobles elementos del infierno. Pero la manera de pintarlas es verdaderamente mágica. En las cortas escenas en que aparecen, se ha creado para ellas un lenguaje especial que, aunque compuesto de elementos ordinarios, semeja una colección de fórmulas de encantamiento. El sonido, las palabras, la acumulación de rimas y el ritmo de los versos forman, por decirlo así, la música sorda que puede acompañar a una extraña danza de brujas".

Esto nos lleva a pensar precisamente en lo que se pierde en la mejor de las traducciones: el sonido, las rimas y el ritmo, que es necesario resignar. Sin embargo, podemos compensarlo explorando con profundidad el subtexto y el metatexto, con una mirada contemporánea que abre más preguntas que los análisis lineales de tiempos pasados.

Antes de pasar a otros comentarios, les pediría que reflexionaran sobre lo siguiente:
¿cuál es el límite entre la ambición y la envidia? ¿qué circunstancias despertarían fuerzas oscuramente reprimidas en un hombre que no ha dado indicios de romper las estructuras de la ley de jerarquías que rige a la sociedad en la que vive? ¿cómo se desquita una mujer sometida a las reglas de una sociedad que sólo le permite compartir logros a la sombra de su hombre, pero que es empujada hacia una posición de visibilidad peligrosa cuando se trata de desgracias? ¿qué papel cumpliría un hijo –o la falta de él – en este tipo de organización social?

ANÁLISIS SOBRE UN RECORTE DE *MACBETH* ACTO II

Es interesante notar que cuando Macbeth se decide por fin a cometer el crimen, lo atormenta el no haber podido pronunciar el "Amén" en respuesta a las palabras dichas en sueños por uno de los hijos de Duncan ('Dios nos bendiga'). Macbeth, entonces, pretende contar con la bendición de Dios post-factum: está pidiendo la anuencia y el perdón divino. Uniendo su vacilación anterior al hecho de que seguramente la mirada de Dios no lo perturba cuando mata en batalla –y no se trata de una guerra santa; inclusive, recordemos que en la época en que se desarrolla la acción los reyes todavía no se consideraban representantes de Dios en la tierra– es su conciencia la que grita 'crimen'. ¿Cuál es la diferencia? Que no desea apropiarse de nada que pertenezca a las víctimas, y que él mismo está expuesto –y dispuesto– a correr la misma suerte. En otras palabras, la traición queda fuera del campo. En el caso de Duncan, como lo dice él mismo, Macbeth ha traicionado doblemente, en su condición de anfitrión, y en la de súbdito, subvirtiendo el orden natural aceptado.

A pesar de que las palabras 'muerte' y 'asesinato' abundan en la escena, sería ingenuo pensar que lo desespera el haber matado. La clave para comprender su tormento es que la traición se le hace insoportable. El bello parlamento del 'asesino del sueño' se completa con la idea implícita del 'sueño de los justos'. Duncan es un justo: buen rey de sus vasallos, e indefenso frente a un puñal artero. Macbeth presiente, no sin razón, que se ha expuesto a la ley del Talión. El sueño que cercenó le será quitado. Curiosa mezcla judeo-cristiana de la concepción de Dios: por un lado, quisiera obtener el perdón de los pecados predicado por Cristo. Por el otro, intuye al Dios iracundo del Antiguo Testamento.

La cuestión de la mirada no es menor. En el estado delirante en que se encuentra, ve 'manos que le arrancan los ojos'. Es evidente que las manos son parte del Dios que ha visto lo sucedido, pero ¿por qué habría él de perder los ojos? ¿Para no 'ver' la escena maldita una y otra vez? ¿Para no ver la sangre que cubre sus propias manos? Si esto es así, la pérdida de los ojos lo protege metafóricamente, y cambia de signo, de negativo a positivo. En resumen, y hasta este punto, Macbeth aparece como un ser a merced de la energía de su mujer, alguien que ha realizado una acción automática impuesta por una voluntad más fuerte, acosado por un arrepentimiento inmediato, que se refuerza en la frase final de la escena, dirigida al muerto: "Ojalá pudieras despertar".

Habría que decidir qué mecanismos operan en un arrepentimiento casi simultáneo con la acción, y cuánto de egoísmo encierra.

Por su lado, Lady Macbeth –se habrán dado cuenta de que no posee otro nombre aparte del de su marido, ¿por qué será? -aún después del hecho, le enrostra su cobardía ("corazón blanco"), le resta importancia al magnicidio ("de pensar así nos volveríamos todos locos"), y en dos oportunidades afirma que un poco de agua lavará la sangre. Es un mundo patas arriba, donde el temor a la condenación, el arrepentimiento, la alucinación histérica se juegan del lado del género masculino, mientras que el cinismo, el positivismo, y el 'bárreme todo esto y no se hable más del asunto' [mi frase para resumir] queda del lado femenino.

La escena III inicia con un dispositivo típico de la tragedia shakespiriana. Para aliviar la tensión que no puede más que subir, lo que en un momento temprano de la obra no deja espacio para su construcción gradual, o bajar abruptamente, lo que produciría un anticlímax, muy mal visto en la concepción clásica de la tragedia, Shakespeare introduce un bocadillo cómico. Toda su obra dramática cuenta con un personaje secundario a los efectos de la trama, pero primario a los efectos de la estructura, llamado genéricamente 'clown', y que toma las formas de un bufón, un jardinero, un mayordomo, etc. En este caso se trata del portero. El personaje en cuestión tiene la doble función de hacer reír al público, y de decir algunas verdades sobre la vida que reflejan el pensamiento del autor. En este caso, se trata de los efectos de la bebida; en Hamlet, por ejemplo, Shakespeare aprovecha la escena en que el protagonista se encuentra por primera vez con los actores trashumantes para expresar sus propios sentimientos sobre el teatro (recordemos que él mismo fue actor), y en Ricardo II introduce una pareja de jardineros que justifican el derrocamiento de un gobernante que, rey o no rey, carece de la aptitud para gobernar. ¡Moderno el hombre!

Luego del breve alivio, resurge la tensión. Lennox describe fenómenos sobrenaturales comparables a los que se describieron a la muerte de Cristo, no porque Duncan sea una figura crística, sino porque en ambos casos se produjo la muerte de un justo, en el sentido que le hemos dado, pues en ambos casos operó la traición.

Hay que prestar atención a las palabras de Macduff. Él hace la reflexión cristiana de que el cuerpo es el repositorio del alma, y llama al cuerpo de Duncan, en la traducción, "el cuerpo del ungido del Señor". Esto es un problema de interpretación. El original dice "the Lord's anointed temple", lo que ha sido ungido con el hálito de Dios es todo cuerpo, en tanto vive por gracia del alma que le fue insuflada. Duncan tiene que haber sido coronado sobre la piedra de Scone, un vestigio de ritos pre-cristianos 'asimilado' por la Iglesia como tantos otros, pero todavía estamos en un tiempo en el que los reyes no eran tales por voluntad divina

El otro aspecto sobresaliente de esta escena es la prisa con la que los hijos del rey parten, dejando a otros el cuidado de los funerales. No hay lágrimas, parálisis ante la desgracia inesperada, en fin, lo que podríamos esperar de unos hijos despojados de su padre en circunstancias parecidas. Les preocupa muchísimo no correr la misma suerte, y parten en distintas direcciones. No se unen para consolarse mutuamente; se separan. Dejo pendiente la pregunta: ¿Qué significa para estos hijos la muerte del padre? ¿Qué les preocupa más que haber quedado huérfanos? Hago notar que, aunque no se menciona la edad de los hijos, los indicios de la época apuntan a que son adolescentes. Lo más intrigante es que a) no se cercioran con sus propios ojos de que el padre está efectivamente muerto y no agonizante, por ejemplo, y b) al no entrar a la recámara, no le dan el último adiós 'simbólico'. Parecería que ante los dichos de los otros, toda imagen de padre se les ha borrado del corazón y del cerebro. Pregunto: ¿Hubo un padre? Y si la respuesta es 'no', cosa que habrá que justificar, ¿cómo se condice eso con las cualidades atribuidas a Duncan, llamado buen rey, dulce naturaleza, y visto como hombre generoso, además de la idea de 'justo' que sobrevolaba la escena anterior?

MACBETH ACTO III

La Escena Primera abre con una reflexión de Banquo respecto de la veracidad de las profecías enunciadas por las brujas o entidades de las fuerzas del destino que rigen la vida del hombre. Es importante tener en cuenta su frase "sospecho que jugaste muy villanamente". Esta es la primera acusación abiertamente verbalizada que habrá de precipitar la muerte de Banquo. Lo interesante es que Macbeth no está presente durante este breve monólogo y, sin embargo, como si su propio pensamiento se desarrollara en paralelo con el de Banquo, la espina con que la predicción inicial le infectó el alma –rey, pero no padre de reyes, mientras que Banquo no-rey daría origen a una larga línea sucesoria en el trono– se revuelve en la necesidad de acallar a este hombre frontal y, de paso, deshacerse también del joven Fleance, para así impedir que se cumpla el resto de la profecía. Hemos dicho anteriormente que Macbeth era un guerrero. Agreguemos que definitivamente no era un político. Faltándole el don de la oratoria engañosa que adormece la conciencia (en el sentido del discernimiento) del otro, su respuesta es la sentencia de muerte, artera y solapada, antes de que estos rumores sobre su 'juego sucio' perturben lo que él imagina será un largo reinado con el apoyo de su clase.

La insidia de Macbeth se desarrolla también en un discurso que, mientras afirma la importancia de su hasta entonces amigo para sus planes de gobierno, halagándolo acerca de la necesidad de su presencia en las decisiones del Consejo (ámbito público) y en la mesa del banquete (ámbito privado), desliza preguntas casuales (si va a montar, en qué dirección cuánto tiempo, sólo o acompañado) que el otro responde con la verdad, pues no puede unir, en su razonamiento, el juego villano que estuvo sopesando respecto de la muerte de

Duncan con la posibilidad de ser víctima del mismo juego. Banquo no sabe que Macbeth le teme, y el contraste entre la frase "mi genio se intimida ante el suyo como, según se dice, se intimidaba Marco Antonio ante el César", nos hace reflexionar sobre las respectivas tramitaciones de ambas resoluciones ante la intimidación. Marco Antonio ocupaba una posición jerárquica análoga a la de Banquo (subordinado al poder); Macbeth detenta el poder, y se siente intimidado por el subordinado –subversión de las jerarquías internas. En consecuencia, Marco Antonio tiene las manos limpias en el asesinato de César, mientras que Macbeth ensangrentará las propias una vez más, en la convicción de que ha asesinado sólo para facilitar la realeza de otra casa. Las palabras "corona infructífera" y "cetro estéril" nos dicen que ya no tiene esperanzas de descendencia, y lo que más lo perturba no es el asesinato que ha cometido, sino haber condenado su alma en provecho de otro antes que en provecho propio.

Sin embargo, esta vez decide un asesinato por encargo. Convence a un trío de pobres diablos que han sufrido injusticias propias de la época de que Banquo fue el causante de todos sus males, ofreciéndoles generosamente la oportunidad de la venganza personal poniéndolos tras su pista. Estos seres primitivos aceptan satisfacer así sus desdichas, y también las razones por las que no deben revelar quién los ha 'ayudado', esas razones que Macbeth esgrime diciendo que Banquo es amigo de amigos que él no desea perder, por lo cual debe quedar "libre de toda sospecha".

En el comienzo de la Escena Segunda, Lady Macbeth dice para sí: "[...] todo se pierde cuando nuestro deseo se realiza sin satisfacernos". ¿De qué deseo habla? ¿Del propio, o del de su marido? No es ella, por ahora, quien sufre de pesadillas ni se ve amenazada por las sospechas que se murmuran o piensan sobre la conducta de Macbeth. En ese mundo de hombres, a nadie se le ha pasado por la cabeza que una mujer tuvo participación activa, de plabra y de hecho, en un episodio de sangre agravado por la traición concomitante. Pensemos en eso. A los ojos de los nobles –de su círculo– Lady Macbeth es invisible: inexiste. Por su parte, Macbeth le revela que "su alma está llena de escorpiones", pero ya no la hace partícipe de sus planes. Parecería que ha vuelto a tomar el timón y prefiere que lo que ha ordenado –los asesinatos de Banquo y Fleance–"tu inocencia lo ignore, queridísima paloma". Maeterlinck afirma que estas palabras constituyen un artilugio de Shakespeare para poner en evidencia lo repugnante de esta pareja de tigres [sic]. La analogía con los tigres llama la atención. La acción salvaje, la matanza, son parte de su naturaleza, y no ven nada de malo en ello. Por el contrario, esta pareja humana se va separando imperceptiblemente por dos razones: la complicidad en el primer asesinato, del que ya no se habla, pero en el silencio es como una pared entre los dos, y el ocultamiento del segundo y tercer asesinato (frustrado). Aún así, Macbeth se siente unido a su mujer por un pacto del mal, explicitado en la frase "Las cosas que principian con el mal, sólo se afianzan con el mal". El engañoso final de la escena: "Así, ven, te ruego, conmigo..." no es sólo una invitación a acompañarlo fuera de la sala, sino un ruego para que no interfiera en sus propósitos, para que no pregunte, para que lo deje hacer, pues la complicidad del no saber o no querer saber (ella no insiste realmente) equivale a la complicidad de la acción.

Saltando la Escena Tercera, una breve muestra de la muerte de Banquo y la huída de Fleance, la Escena Cuarta muestra a Macbeth en todo su cinismo (cuando le hace notar, como algo incidental, a uno de los asesinos, que hay sangre en su cara) e hipocresía, al lamentar la ausencia de Banquo a la cena. Ahora bien, ¿por qué, entonces, lo perturba la visión de la figura fantasmal de Banquo sentado, provocándole palabras que sólo Lady Macbeth comprende a la luz de los acontecimientos anteriores? ¿Podría decirse que le queda un resquicio de conciencia traducida en remordimiento? Aquí flaquea la villanía, y la tigresa de la pareja retoma el liderazgo. Esto es locura lisa y llana; Macbeth, al perder su razón elemental, ha perdido los atributos humanos. Que el mismo Macbeth advierta a sus amigos de una extraña dolencia 'sin importancia' –las alucinaciones– parecería confirmar que los locos no reconocen su locura, y que la locura no ataca todos los campos de la psiquis. Macbeth intenta justificarse, más que todo ante sí mismo, diciendo que el asesinato es tan antiguo como la raza humana (y por lo tanto, lícito, porque fue impuesto por la costumbre). El retorno de los muertos ("ahora los muertos resucitan") es lo inquietante. ¿Y qué otro retorno encubren, nos preguntaríamos? ¿Está Macbeth escindiéndose entre el producto del salvajismo y el producto de la semicivilización aportada por leyes precarias, pero leyes al fin? ¿Hay una lucha interna entre una esencia temerosa del castigo divino y una esencia primitiva que no reconoce la necesidad del castigo, moral, en este caso? Yo creo que no. La frase "Toma cualquier forma menos esa", que recuerda la frase de Hamlet al fantasma de su padre, me hace pensar que el hombre que no vacila en cometer las mayores atrocidades exige una víctima a su medida: una víctima humana, de carne y hueso. El hombre de la época en que se desarrollan estas acciones cree en un mundo sobrenatural, donde conviven brujas, demonios, y fantasmas, y esta lucha desigual lo paraliza. Su solución es ejercitarse en la matanza; se llama a sí mismo "novicio" –cuanto más avance por el camino de la sangre, más natural lo encontrará. Una interpretación moralista entendería que "la sangre llama a la sangre" es una anticipación del castigo que merece por haber vertido, dos veces, la sangre de un padre (recordar el lugar del padre en Duncan, y la doble paternidad de Banquo, como padre de Fleance, y como el 'padre' César ante quien Macbeth decía sentirse como Marco Antonio (un hijo elegido por este padre). Pero aquí no cabe la interpretación moral, y la frase es de una literalidad siniestra: es necesario avanzar por la sangre derramando todavía más.

La Escena Quinta ofrece una conceptualización interesante: Hécate se muestra muy descontenta con las brujas porque, a su criterio, no han ayudado a un verdadero adepto del mal – es decir, a un creyente– sino a un egoísta sin fe y sin entrega al poder supremo del mal. Ella, entonces, no permitirá que este descreído alcance sus fines, y se valdrá de la ambición que lo mueve para arrastrarlo a su ruina. Es decir que el castigo por un pecado mortal va a vehiculizarse, no por la condena de un Dios positivo = cristiano, sino como una advertencia de los poderes malditos para quienes se sirven de ellos sin entregar el alma en el pacto de sangre que el hombre firma con el Diablo.

Teniendo en cuenta todo lo anterior, me gustaría que trataran de poner en palabras los sobreentendidos que se suceden en la Escena Sexta, donde todo lo que importa se sugiere sin decir. Y también, cuáles serían las desventajas escénicas de aclarar los sobreentendidos, y las desventajas para los personajes tomados en su encarnadura de seres reales de la época.

REY LEAR

El teatro universal reconoce unánimemente a *Rey Lear* como una de las máximas tragedias. Es, además, una de aquellas obras en las que mejor se aprecia la diferencia entre vivirla como espectador y como lector. En el teatro, la escritura llevada al habla consigue los efectos deseados, portados por las voces, pero el lector necesita agregar mucha imaginación para apreciar lo subliminal del texto. Por otra parte, y desde el principio mismo, las características de esta obra no sólo arrojan luz sobre la época de Shakespeare sino sobre nuestro aquí y ahora. Se trata de una obra sumamente complicada, que se presta a infinitas interpretaciones muchas veces discutidas por diversas disciplinas fuera de la literatura. Resulta sorprendente que, al menos en mi conocimiento, no se haya prestado atención a la cuestión del poder. Sin duda no era lo que Shakespeare deseaba destacar aquí, y sin embargo, ese aquí y ahora del que hablo me lleva a dedicarle algo de tiempo a este asunto en particular. A diferencia de otros monarcas reales o ficticios, y por cierto de autoridades de nuestro tiempo que detentan gran poder sin pertenecer a la perimida institución de la realeza, Lear se despoja voluntariamente de aquello que lo coloca en una posición a la cual se subordina toda la organización de su gobierno. ¿Qué pide a cambio? Afecto y respeto; es decir, algo que no presenta una amenaza para las dos hijas entre quienes reparte el reino. ¿Y qué logra? Desprecio, maltrato, crueldad y, finalmente, la muerte. De las relaciones intrafamiliares hablaremos largamente luego. Lo que me interesa señalar es lo que acarrea la pérdida de poder, aunque sea decisión propia. No es de sorprenderse, entonces, que ciertos dirigentes políticos de nuestros días se aferren a él a cualquier costo, pues saben que, una vez vueltos al llano, no sólo deberán responder por sus malas decisiones –que en cierto sentido es lo que le ocurrió también a Lear– sino que serán sujetos de burla y escarnio, y habrán perdido la posibilidad de retaliación. En este sentido, quizás la desdichada suerte de este rey merodea como un fantasma los futuros de los desplazados del poder, conozcan o no la obra que nos ocupa.

El contenido, que ustedes ya leyeron, está formado por un argumento principal y uno secundario, o contraargumento, por la oposición de la relación padre-hijas/padre-hijos. Lo interesante es que no se le pide al espectador/lector que comprenda o responda las preguntas que surgen acerca de la condición de posibilidad de esto o aquello, o de los lugares concretos de la acción, sino que se le pide que comparta la experiencia de los personajes. La gran cualidad de esta pieza reside en que, a pesar de algunos aspectos poco creíbles del argumento, proveniente de orígenes folklóricos, la historia está tratada y desarrollada de manera absolutamente convincente. El mundo de la fantasía y el de la realidad se funden en la verdad esencial de las reacciones de los personajes a los hechos.

Uno de los puntos fundamentales es que se detiene en las consecuencias de dejarse vencer por emociones insustanciales. El sentimentalismo de Lear se interpone entre él y sus percepciones. No es capaz de reconocer las fallas en la estructura familiar, ni sospecha de las excesivas protestas de devoción de sus hijas mayores. Lear no se da cuenta de que la generación joven ha de vivir su propia vida, y que no puede moldeársela a imagen y semejanza de los ideales paternos, y que aún si se pudiera, y sólo en la forma, esta generación no está dispuesta a sacrificar sus intereses para complacer a sus progenitores. Algo parecido ocurre en el caso de Gloucester. La locura de Lear y la ceguera de Gloucester son el precio a pagar ante la desilusión. Antes de desaparecer de escena para siempre, ambos tienen un momento en el que ven la vida con mayor claridad, lo cual, en el caso del último, no deja de ser una paradoja lamentable. Cuando su visión se clarifica, también lo hace la nuestra. Debemos reconocer con ellos que no hay que confundir amor con adulación, que la vida es algo más que los pronunciamientos formales y vacíos que se hacen acerca de ella, que los culpables no necesariamente son castigados antes de morir, etc. Gran parte de la obra se desliza oblicuamente hacia la abstracción de la justicia. Algunos personajes, como por ejemplo Edgar, sienten que, al fin y al cabo, los dioses son justos, aunque no es ésta la impresión que nos llevamos al final de la obra. Más que justicia, nos queda la impresión de la esperanza en un movimiento de marea, y una convicción de lo que está moralmente bien y moralmente mal, aunque falten la recompensa y el castigo para etiquetar ambas posturas.

El gran mérito de esta tragedia es que la genialidad de Shakespeare muestra, en pequeña escala, las dimensiones de una escala cósmica, la totalidad del universo en sus relaciones insondables con una causa divina, todo ello entremezclado con detalles de la conducta humana. Este tipo de tratamiento de lo universal perturbó a muchos, desde la época en que se escribió hasta nuestros días. Estos 'perplejos' no podían aceptar la ausencia de la justicia poética dentro del argumento principal. Llamamos 'justicia poética' a la convención literaria mediante la cual, sea por medios humanos o divinos, la virtud es recompensada y la maldad castigada. En contraste, esto se cumple en parte en el contraargumento, aunque la ceguera de Gloucester parece una pena exagerada por su credulidad y por el acto de lujuria que trajo a Edmund al mundo.

Los contemporáneos de Shakespeare y otros críticos hasta el s. XIX se horrorizaron ante este realismo precursor, y no faltaron escritores/directores que le enmendaran la plana para evitar la irritación del público.

A partir del siglo XX y de la instauración de un realismo psicológico en la literatura, es posible encontrar en la obra aspectos inconcebibles en otros tiempos: la unión entre la fantasía, el espanto, y la incongruencia que han llevado a muchos críticos de esta época a ponerla como ejemplo del grotesco, pues en el extraño universo de la imaginación encuentran una semilla de comedia a pesar del final trágico que responde a la lógica argumental. En el teatro de nuestros días, las payasadas del Bufón, que funcionan a modo de puente entre la elevada seriedad de la historia y la locura (real en Lear, fingida en Kent), no dejan de llamar la atención, pues el teatro moderno encuentra en este recurso puntos en común con el mundo del que éste se ocupa. Existen inclusive estudios en los que se compara esta tragedia con el absurdo de Beckett, Genet, y Ionesco, mostrando en cuánto se parecen. No vamos a ahondar aquí porque no hemos trabajado el absurdo, aunque espero que lo hagamos más adelante, pues así como llegó el fin de la tragedia, también llegó el fin de los cánones del teatro después de las rupturas provocadas por los llamados Teatro de la Alienación, Teatro del Absurdo, Teatro de la Ira, y Teatro de la Crueldad,

Rey Lear es texto de estudio del modernismo y del posmodernismo en tanto la visión intelectual de Occidente se satisface con una postura existencial ante la vida, donde los hombres crean sus valores a medida que viven, sin sentirse compelidos a respetar o adquirir estándares de conducta o actitud externos y objetivos; es decir, ajenos a su propio devenir individual. Como el Bufón, nos cuestionamos la certeza de la certeza y el valor de los valores. Somos, además, más pacientes con la locura, entre otras cosas porque presentimos que la locura nos permite ver en mayor profundidad las operaciones de la mente que la cordura. Bond, un contemporáneo, afirma que es necesario sospechar de la cordura, puesto que puede no ser más que una concesión sin límites a la moral social. Aquí hay una vuelta de tuerca digna de pensarse, ya que hoy podríamos decir que es locura pensar el mundo como un lugar justo y racional. Hay, sí, un elemento absoluto que se ha conservado y desarrollado: la compasión, que hace al corazón mismo de esta tragedia.

Veamos un momento qué pensaron los espectadores de la época. En principio, habrán visto muchos puntos en común entre el argumento y el contraargumento, en tanto ambos se ocupan del mal que los padres hacen a los hijos, y del sufrimiento y consecuencias nefastas provocados por unos padres que no saben tratar con su órbita familiar ni con el mundo exterior. Recordemos también que no se daba importancia al maltrato dado a los hijos, basado en el mandamiento "Honrarás a tu padre y a tu madre", mientras que no existe su opuesto, suponiéndose entonces que los hijos debían sentirse honrados por el don de la vida y conformarse con ello, sin importar qué sucediera después.

La ruptura parcial de la convención religiosa y social en este sentido ejemplifica que ya en ese tiempo existía un cierto cuestionamiento al dogma. La obra contiene un sinfín de referencias a un orden celestial de la vida, real o imaginario. Los personajes invocan este orden, a menudo en vano, y se muestran azorados al comprobar que no es así como habitualmente funcionan las cosas. El azoramiento era compartido empáticamente por el público, que aún creía lo mismo, pero ya soplaban aires de una confrontación racionalista de las leyes naturales (divinas). No afirmo, naturalmente, que el público isabelino/jacobino fuera consciente de que el cambio de actitud se iniciaba. Y sin embargo, este público asistía al nacimiento de una visión del mundo escéptica, asociada al modernismo. El estrés provocado por las nuevas ópticas de la realidad inevitablemente traía aparejado un forzamiento del pensamiento. En la obra ello se evidencia mediante la locura real y la locura fingida, en consonancia con dos generaciones que, mirando lo mismo, no veían lo mismo. No es conveniente decir que la transición de un estilo al otro fue necesariamente para bien: que un punto de vista sea 'razonable' (cuerdo) no siempre sirve de consuelo al sufriente. En el sentido en que Shakespeare utiliza los términos 'razón' y 'afecto' (emoción del estado de ánimo hacia el objeto al que se dirige), nos hallamos ante 'etiquetas' que identifican los polos opuestos de las relaciones sociales. Cuando se extiende el 'afecto' al significado de 'amor', se hace para indicar que, en apariencia, habría un incremento en la felicidad.

Una vez que Lear ha renunciado a su autoridad, las dos hijas mayores razonan con él acerca de lo que demanda, y ahí emerge su impiedad, que lo enfurece. Visto objetivamente, las hijas tienen razón: él no necesita de una corte para trasladarse de la casa de la una a la de la otra. Sin embargo, curiosamente el público –antes y ahora– se deja llevar por los sentimientos del anciano antes que por la 'razón' de sus hijas. Probablemente porque todos los públicos anticipan que los 'recortes' no van a terminar ahí, y que pequeños incidentes domésticos, si se quiere, desencadenan consecuencias terribles con finales trágicos.

Esta cuestión se prestaba especialmente al tiempo histórico en el que se escribió la obra.

Al ascender al trono inglés, Jacobo Estuardo VI de Escocia y I de Inglaterra propuso la unión política de ambas naciones, algo que ninguna estaba bien dispuesta a aceptar. Durante varios años, los discursos reales hicieron referencia a las desgracias que la división había acarreado a Inglaterra en los primeros tiempos de su constitución. Por lo tanto, la división del reino de Lear ejemplificaba un intento equivocado de mejorar el orden en la tierra, un orden no menos deseable en aquellos tiempos que el orden celestial ideal del que formaba parte la ya mencionada justicia poética.

Lo que más sobresale dentro de la inmanencia de esta tragedia es el rol trágico de Cordelia. En un sentido ordinario, podría decirse que complementa el de Lear. Si apelamos al juicio moral, no podemos librarla enteramente de culpa. Curiosamente, antes que por lo poco que dice y hace, algo de nuestra percepción de lo que no dice ni hace enriquece el significado de su relación al padre. Paradójicamente, el extrañamiento los acerca, y lo 'justo' del sufrimiento/castigo de Cordelia es mucho menos claro que el de Lear. Ella representa el sacrificio femenino: hoy, al decir de muchos, semejante renunciamiento en un hombre sería tan impensable como entonces. La tragedia le pertenece, por el mero hecho de inmolarse a un capricho del padre que termina exactamente como ella lo preveía. Conociéndolo, bien podría haberle dado una respuesta que lo apaciguara. Lo que parece es que Cordelia –no sabemos si por vez primera o última– afirma aquí su independencia. La vemos poco y nada hasta el cataclismo final, y aún entonces apenas si emerge como el desencadenante de la tragedia. Teniendo esto en cuenta, debemos ver el incidente de su respuesta sobre el amor al padre de manera aislada, quedando a nuestro criterio si es parte de una sucesión de episodios semejantes o no. Lo que se nos muestra es que Lear no es capaz de valorar la honestidad y el buen sentido de la respuesta, quizá por la brusquedad con que fue formulada, o quizá porque es demasiado anciano para tolerar opiniones distintas de las propias.

Cordelia encuentra una cierta satisfacción en cuidar de su padre al final de sus sufrimientos. Cuando Lear vuelve a despertar al mundo gracias a los cuidados de Kent y del médico, ella no da señales de arrepentimiento ni se ve como causante. Ha cambiado, y ha aprendido las razones del corazón por fuera de las razones de la razón.

OTELO EN FREUD

En *Material y fuentes de los sueños*, muy al pasar, refiriéndose al desplazamiento del "efecto psíquico", Freud dice lo siguiente:

"Tales desplazamientos no nos admiran cuando se trata de la aplicación de magnitudes de afecto o en general de actos motores. Que la solterona sin familia transfiera su ternura a sus animales caseros, que el solterón se convierta en apasionado coleccionista, que el soldado defienda hasta la muerte algo que en realidad no es sino una seda de colores, que en las relaciones amorosas nos colme de felicidad un apretón de manos o que un pañuelo perdido produzca en Otelo un ataque de ira, son ejemplos de desplazamientos psíquicos que nos parecen incontrovertibles."

Encontramos aquí un ejemplo de cómo la escritura se sirve de escrituras anteriores provocando un forzamiento que, mediante el recorte del contexto y del cotexto, sirve a los propósitos del autor que las recoge. El ataque de ira en cuestión no es cualquiera, puesto que termina en un asesinato. Y en verdad se trata de un desplazamiento psíquico, aunque no en el sentido que el párrafo anterior indica.

Suele decirse que *Otelo* (1604) encarna la tragedia de los celos. Es verdad, aunque no se trata exclusivamente de los celos de un hombre respecto de una mujer. Hay aquí una historia mucho más compleja, en la cual la envidia de un hombre que no es Otelo, traducida en celos, teje una telaraña mortal para que alguien que no es naturalmente celoso desarrolle sentimientos que le fueron ajenos hasta que las intrigas de un enemigo que no reconoció como tal lo despojaron de amor, honores, y de la vida misma.

Veamos que dice el experto Alvin Kernan en su introducción a la obra (1963). "[…] La visión de la naturaleza humana que ofrece esta obra se basa en terrores antiguos e instintos primitivos –el temor a lo desconocido, el orgullo, la ambición desmedida, la lujuria– escondidas bajo una capa superficial de civilización." Se trata, en suma, de un protagonista y un antagonista (quien se opone al otro en el conflicto), pero nos equivocamos si fijamos la mirada en el supuesto protagonista, pues éste no es más que una metáfora del mundo desconocido, y por ello temible, más allá de los confines y de la comprensión de una sociedad organizada.

El personaje de Otelo sólo es creíble si se tiene en cuenta lo anterior. De otro modo no es posible que un hombre que ha recorrido los mundos brutales que Venecia desconoce, sin haberse dejado vencer por sus horrores, un hombre que mantuvo su semblante inmutable cuando su hermano, de pie a su lado, cayó bajo los cañones enemigos, pueda fácilmente creer que su esposa es una puta sin más evidencia que unas palabras arteras murmuradas en su oído y un pañuelo perdido, y es menos creíble aún que se entregue a una venganza ciega a costa de su propia vida.

Pero quizás Otelo no es quien creemos sino, como hemos dicho, una metáfora. En verdad, el único personaje de esta obra que claramente es quien parece ser es Desdémona e, irónicamente, es también la única acusada de ser lo que no es. En un mundo de hombres mayormente corruptos, resultaba difícil creer que la excepción fuera una mujer.

Desde el punto de vista de la estructura de la obra, cada personaje cuenta con su opuesto. Lo interesante reside en que Yago, el antagonista o villano, resulta ser la contraparte de la mayoría de los otros.

Los contrastes entre los personajes se inscriben dentro de

una unidad mayor, una geografía simbólica delimitada por los turcos, infieles, "enemigos de todo el mundo", que desde el horizonte navegan hacia y desde el mundo cristiano buscando su invasión y destrucción. En la misma dirección, invisible, se halla la tierra poblada de monstruos de la que habla Otelo, dejando en algunos de sus oyentes la duda de si él mismo, a pesar de haberlos combatido, no proviene de la misma estirpe. Más allá, ruge el océano amenazante.

En el centro del círculo de barbarie, monstruosidad, esterilidad, y la fuerza bruta de la naturaleza, se yerguen dos bastiones cristianos: Venecia y Chipre. Hablamos de la Venecia renacentista; y sin embargo Shakespeare la transmuta a un equivalente de la polis griega, la imagen sin edad del gobierno justo, de la razón, del estado de derecho y de la paz social. Chipre, por otra parte, es lo que se interpone entre barbarie y civilización, pero no cuenta con los mismos recursos de Venecia; está más expuesta desde todo punto de vista, y los hombres que la habitan, aunque disciplinados en la ciudad modelo, pronto pierden la pátina de civilización y los frenos de la polis. Que Chipre permanezca "occidental" o "europea" ya no depende de un sistema sino de un solo hombre: Otelo el Moro, cuyos mismos orígenes son extranjeros y cuyo cristianismo es de adquisición reciente.

La obra se mueve desde Venecia a Chipre, de la polis al puesto de avanzada, de la sociedad organizada a un estado mucho más próximo al de la naturaleza en bruto, y de la vida colectiva a la de los individuos en soledad. Hacia el final de la obra, el movimiento se invierte. Los turcos han sido derrotados, pero al costo de las vidas de Desdémona, Otelo, Roderigo, y Emilia. El precio que se pagó venía anticipándose casi desde el comienzo, pues bajo el orden de la polis se movían fuerzas anárquicas que amenazaban las costumbres sociales tradicionales y las relaciones interpersonales. Todas estas fuerzas se centran en Yago. Este personaje odia el sistema que permitió que sus supuestos merecimientos a un rango militar superior fueran desplazados por la designación de Casio. Yago hace poco caso de la jerarquía militar que determina los rangos. Tampoco respeta la institución del matrimonio, que es la manera tradicional de reglar las relaciones íntimas entre hombres y mujeres. El caso es que, siendo él mismo casado, es en el fondo un misógino que no sólo desconfía injustamente de su propia esposa sino que no parará hasta atraer el desastre sobre la felicidad de Otelo, por envidia, pero también por celos del Moro, a quien el Senado veneciano ha conferido los máximos honores y la autoridad militar suprema, relegándolo a él, Yago, un veneciano nativo, blanco, y cristiano, a un lugar subordinado.

Su accionar comienza en Venecia, donde se frustra gracias al dominio que Otelo ejerce sobre sí y al ordenamiento legal del Senado. Pero en Chipre, donde los límites necesariamente pierden claridad, le es más fácil rasgar la cáscara de cada naturaleza. Así, enfrenta al general con su lugarteniente, al esposo contra la esposa, al cristiano contra el cristiano, al sirviente contra el amo. Al asumir Otelo los roles de acusador, juez, jurado, y verdugo, la justicia se convierte en parodia. El Moro llega al colmo de golpear a su mujer en público y de tratar a Emilia, dama de compañía de Desdémona y esposa de Yago, como a una celestina. En la escena final, el orden se restaura, al probarse la inocencia de Desdémona y llegarles la muerte a los dos mayores culpables, pero el costo es tremendo.

Entre tantas otras cosas, esta obra aborda también la cuestión moral, cuyos polos opuestos son Desdémona y Yago. Ella es una fuerza vital que tiende hacia el orden, la comunión con el otro, el crecimiento, y la luz, constituyendo metafóricamente la piedra basal de todo lo bueno que los hombres han construido, incluyendo la polis; él es su antítesis, en pos de la anarquía, la muerte, la oscuridad, la barbarie, y el caos primigenio.

Por su parte, Otelo, como la mayoría de los humanos, combina en sí las pasiones del amor y el odio, aisladas en estados puros inhallables en la vida real, y representados aquí por Desdémona y Yago. Su viaje psíquico de Venecia a Chipre es el pasaje del alma y la voluntad partiendo desde los valores de Desdémona hacia los no valores de Yago. Entonces, estos dos representan dos estados de la mente, dos modos de entender la vida, y el pasaje de la una al otro que completa Otelo es equivalente al pasaje de la civilización a la anarquía.

ALGUNAS REFLEXIONES SOBRE *ROMEO Y JULIETA*

Romeo y Julieta resulta de una extensa serie de obras anteriores que comienzan con la *Píramo y Tisbe* de Ovidio, pasan por la versión renacentista de Bandello, su traducción al francés por Pierre Boisteau, su adaptación al inglés por Arthur Brooks, y el uso desembozado que hace Shakespeare de esta última escritura. Lo que debe decirse es que el personaje de Mercucio es una creación propia, así como el uso del soneto isabelino, o más propiamente, shakesperiano. En tanto el soneto presenta dos ideas opuestas que se conjugan al final, resulta ideal para dar forma a un lenguaje plagado de oximoron, o 'paradojas comprimidas' que tan bien se ajustan a los opuestos que despliega el argumento. El otro sustento de este lenguaje es el retruécano, o juego de palabras, que nos deja sin respiro y cuyo efecto humorístico naturalmente queda casi siempre perdido en las traducciones.

Esta obra, escrita en 1595, es –en términos estrictos– una obra menor. Tiene problemas de estructura dramática que arrojan muchas dudas sobre la verosimilitud literaria de su resolución y, sin embargo, es una de las más populares de entre el vasto repertorio de su autor, merced a la belleza del lenguaje y, por qué no, también porque al público le resulta más fácil identificarse con estos personajes que con los héroes trágicos o las figuras payasescas del resto de la producción shakespiriana.

Debemos aclarar que *Romeo y Julieta* no es una tragedia, sino a lo sumo una comedia dramática o, como también se la ha llamado, una 'comedia descarriada', en tanto la muerte de Mercucio marca un punto de torsión que hace asomar los ribetes dramáticos que nos conmueven hasta el final. Pero, en fin, como a ustedes no les interesa ahora analizar el encuadre de la literatura teatral, sino su contenido, dejemos en el tintero todo lo mucho que habría que decir al respecto para incursionar en el tema fundamental: el amor.

Dos visiones sobre algo que podríamos llamar amor se entrecruzan entre los personajes secundarios y los protagonistas. La primera es de una grosería apabullante, donde el amor queda relegado a la genitalidad. Esto se ve en los rápidos intercambios del principio, que suelen expurgarse de muchas ediciones, y en el monólogo de la niñera cuando explica a Julieta, con enorme regocijo, de qué se trata el acto sexual. La otra visión se centra en el amor romántico mezclado con la pasión ciega y visceral que atropella todos los demás valores, lealtades, y emociones.

Se suele usar esta obra para ejemplificar el amor adolescente. Yo tengo mis reservas al respecto. Sí es verdad que los protagonistas son extremadamente jóvenes, pero hay que recordar que Shakespeare siempre perseguía algún propósito ulterior, y que no le interesaba en absoluto el romanticismo meloso de los malos poetas, ridiculizados en la poesía que lee Romeo cuando, al principio de la obra, 'muere de amor' por Rosalinda.

Aquí se trata de una emoción brutal que arrasa a los individuos, lanzándolos contra el deber ser del mundo que habitan y, finalmente, contra sí mismos. Shakespeare intenta diversos abordajes en las descripciones de este amor, y de alguna manera fracasa en todas, pues sin importar la belleza del lenguaje que elige, hay algo de lo inasible del amor que no deja de eludirlo. Podría decirse que uno de los problemas que plantea este tipo de amor reside en que se mantiene por fuera de la palabra.

Shakespeare va por la vía de la religión, por ejemplo, en las 14 líneas que marcan el encuentro de los futuros amantes. Luego intenta el camino de la magia, comparándolo a un embrujamiento. Y el amor continúa resistiéndose al lenguaje en tanto es demasiado poderoso para ser contenido o comprendido desde alguna racionalidad. Julieta es quien se encarga de decírnoslo así, al rehusarse a describir lo que siente: "Mi verdadero amor se acrecienta hasta un límite que no sé contar la mitad de mi riqueza" (Acto II, escena VI).

Una virtud de la obra, teniendo en cuenta su contexto histórico, es que se abstiene del comentario moral respecto de lo que el amor debe a lo social, a lo religioso, y a la ley familiar. Lo que hace, simplemente, es yuxtaponer imágenes de amor, violencia, muerte, religión, y preceptos morales en una suerte de cascada impresionista que desemboca en el final trágico.

En efecto, el amor y la violencia atraviesan la historia de principio a fin, y siempre de la mano de la pasión, que incluye el odio. Concluimos entonces que la fuerza que se impone es la pasión de cualquier signo; una pasión cegadora que se liga inextricablemente con la muerte. La muerte acecha desde el propósito asesino de Teobaldo, muy al principio, y pensamientos y discursos suicidas pueblan la mente de Romeo y Julieta mucho antes de que los alcance la muerte real. En suma, el amor en esta obra está fuera de lo moral o inmoral; es una fuerza amoral que conduce tanto a la felicidad extrema como a la destrucción definitiva.

La obra se enriquece con leit motifs que apelan a lo visual, como el contraste entre la luz y las sombras. Es interesante que, al contrario de lo que sucede con otros escritos y escritores, las metáforas que los incluyen no se mantienen constantes. La luz no siempre significa el bien, ni la oscuridad el mal. Ejemplo de esto es que, en la noche en que se consuma el amor, la llegada del día se vive como una amenaza cierta a la seguridad de los ya esposos.

El personaje de Mercucio –creación original de Shakespeare, como hemos dicho– es más un leit motif, un vehículo, que un personaje. ¿Por qué digo esto? En literatura, más especialmente en la literatura teatral de los siglos XVI a

XIX, la nominación de 'personaje' corresponde a quien experimenta un cambio de posición interna entre el principio y el final de la obra, respondiendo a las circunstancias que vive. Lo que hace Mercucio en su relativamente corta vida es criticar constantemente, mediante la mofa, las ilusiones de grandeza y mojigatería de la sociedad, y enfatizar que el 'gran amor' no es más que una ceguera deformante que arrebata al sujeto de sí mismo. Es interesante notar que el nombre propio responde a la ley del 'simbolismo del nombre', pues un temperamento mercurial habla de un carácter impredecible e impulsivo. Precisamente este carácter lo lleva a una muerte temprana, a la que se entrega no sin antes maldecir a Capuletos y Montescos, otra señal de que debe cumplirse un destino fatal para ambas casas.

El veneno es otro leit motif que aparece relativamente temprano. En el Acto II, fray Lorenzo explica que todos los elementos naturales no son buenos ni malos por sí mismos, sino que el hombre, en su accionar, los inviste en uno u otro sentido. En una visión más amplia, en esta obra donde no hay personajes ruines, la sociedad 'envenena' individuos y situaciones.

Un último leit motif es la detallada descripción de la Reina Mab, una derivación de la diosa madre celta Morrigan. En tanto símbolo, visita los sueños de los durmientes, incitando en ellos sus deseos más ocultos y vergonzantes. En este su famoso monólogo, Mercucio intenta convencer a Romeo de que todas las fantasías y deseos amorosos son tonterías, tal como la misma Mab, en quien ya nadie cree. Por supuesto, sus palabras caen en saco roto, pues el enamorado está más allá de la voz de la razón, y ni que hablar de una razón siempre expresada con orlas de cinismo. Aclaro que utilizo el término en el sentido del fundador de la correspondiente escuela filosófica, Antístenes (s. IV a.C.),/1 pues el sentido negativo que damos a la palabra data del siglo XIX de nuestra era.

Reflejando la época, las instituciones públicas y sociales se interponen entre los amantes, quienes sacrifican el tan valorado concepto del honor por el depreciado concepto del amor. Mirándolo desde nuestros valores, podríamos decir que se nos muestra una batalla entre las responsabilidades y conductas que exigen las instituciones y la fuerza del deseo privado de los individuos. Sin embargo, como no es posible que el día no suceda a la noche, ni tampoco desprenderse del nombre por un simple acto de voluntad, quizá el suicidio sea el último acto del derecho a la privacidad que pueden ejercer libremente.

En todo caso, este final es problemático, por la debilidad antes mencionada en la estructura de la obra. Shakespeare intenta salvar el problema de credibilidad anunciando, desde el prólogo, que este amor está controlado por el destino, y aquí y allá va plantando malos augurios bajo formas diversas, de modo de subrayar la inevitabilidad del final.

Lo cierto es que aquella sociedad nunca le habría perdonado un 'destino' diferente. Ya la había desafiado con una tragedia histórica profundamente subversiva, *Ricardo II*, en la que planteaba que no bastaba el haber nacido heredero a la corona para ser rey si el individuo carecía de las condiciones necesarias para ejercer la realeza. Digamos que en esta ocasión se hizo la vista gorda en tanto la obra justificaba la toma del poder por parte de los Lancaster, legitimando así a los Tudor, una rama colateral de dicha familia, y aquella que propiciaba el teatro en aquel momento.

Pero en una época en que los matrimonios se concertaban entre familias, en que la autoridad del padre era indiscutible, en que las niñas, inclusive las de las casas reales, eran literalmente molidas a palos si rehusaban casarse con el consorte elegido, el hacer triunfar la sinrazón del amor por sobre las razones de la conveniencia era impensable y riesgoso.

Para ir terminando, y habría que preguntarse si es por

'milagro de amor', esta es la obra de Shakespeare que nadie desconoce aún sin haberla visto o leído jamás, ni aún en sus reescrituras, ejemplo de lo cual es la película *Amor sin barreras*. Y la otra cosa que habría que preguntarse es por qué el nombre Romeo se convirtió en una sinécdoque de plaza pública, mientras que nadie dice de una mujer que 'es una Julieta'.

---

1. Lo material es despreciable, mientras que la felicidad se alcanza mediante la sabiduría y la libertad del espíritu.

FRANCIA

La tragedia francesa tiene un desarrollo más tardío que la inglesa, puesto que comienza a surgir en el s. XVII. Esta diferencia podría atribuirse a varias razones. Algunos autores suponen que la Guerra de los Cien Años (c.1340-1450), librada tanto en suelo francés como en tierra extranjera, retrasó notablemente la práctica de todas las artes, pues Inglaterra conquistó y asoló buena parte del norte de Francia, y durante cien años más el país luchó intermitentemente y sin mayores éxitos contra otros reinos y principados europeos. En la segunda mitad del s. XVI, el desastre de la guerra civil religiosa terminó por arruinarla, hasta que el advenimiento de Luis XIII al trono y de su poderoso primado y Primer Ministro, el Cardenal Richelieu confirió al rey, por primera vez, la autoridad suprema sobre nobleza y pueblo. Los sucesores de ambos –Luis XIV y el Cardenal Mazarino– dejaron a Francia convertida en una potencia dominante, pero esto ocurrió recién en 1715. La primera gran época del teatro francés llegó de la mano de Richelieu, quien destruyó el monopolio que afectaba tanto a las bellas artes como al comercio y otras actividades. La *Confrérie de la Passion*, una compañía de aficionados asentada en el Hospital de la Trinidad desde 1404, produjo el mismo tipo de misterios y autos sacramentales típicos de la época medieval. Ciento cincuenta años más tarde tuvo la oportunidad de construir un verdadero teatro en las ruinas del palacio ducal de Borgoña en París, pero la cuestión de los monopolios, que se pagaban muy caros y dejaban pingües ganancias al estado, hizo que la escena francesa tuviera un único teatro, hasta que Richelieu cambió las reglas del juego. En la práctica, esto significa que no hubo grandes autores de ningún género dramático, pues el encierro físico se hacía sentir sobre la capacidad y la necesidad de la creación.

De todos modos, no somos nosotros los inventores de la globalización. Permanentemente, los grandes movimientos políticos, artísticos, filosóficos, y demás, se extendieron como reguero de pólvora, más pronto o más tarde, hasta ocupar la totalidad de los conglomerados continentales. Aunque el s.XVI no dio grandes trágicos a Francia, el teatro clásico formaba parte obligatoria de los programas de estudio de los innumerables colegios jesuitas fundados en la mayoría de los países europeos. Cada año debían escribir y producir una o más obras, cuyo autor era, por lo general, un profesor de retórica. En los colegios franceses, la mayor parte de las obras se escribían en latín, aunque algunas eran francesas en idioma y temática. Por lo general, las primeras trataban temas bíblicos, como *Herodes*, presentado en 1579 en el Collège de Clermont, y las otras se ocupaban de la historia local, como *La doncella de Orleáns*. La pregunta que se impone es cómo conciliaban los jesuitas, desde su visión religiosa y, naturalmente, enemiga de los mitos paganos, el teatro clásico con la tragedia clásica, ya que todavía no había llegado la era del neoclasicismo de la mano de Corneille y de Racine. Parece evidente que, haciendo a un lado el obstáculo molesto de la predestinación, ambas tragedias mencionadas a modo de ejemplo se centran en la cuestión del pecado y su castigo. No creo necesario detenernos en *Herodes*, pues todo el mundo conoce la historia. Más interesante es el caso de Juana de Arco, la doncella de Orleáns, puesto que se la declaró mártir en 1451, veinte años después de su muerte en la hoguera. Podríamos decir que, para los franceses, era un tema relativamente reciente, y que como jamás asumieron su parte de responsabilidad en la captura y muerte de un personaje que les resultaba molesto, ejercían una catarsis colectiva teatralizando su historia. Avanzando por una vía que no alcanzaremos a comentar en este recorrido, es interesante pensar que, en el s.XIX, Schiller retomó esta tragedia dándole un final diferente: Juana muere en batalla, y se le ahorra el escarnio de su verdadero destino. Tchaikovsky lleva esta narración a la ópera, y Bernard Shaw, a principios del s.XX y al poco tiempo de la canonización de Juana, escribe una comedia satírica cantándoles a los franceses cuatro verdades.

Volviendo al sendero que queremos andar, el neoclasicismo llega a Francia con un discípulo de los jesuitas, abogado de profesión, y conocido como el fundador de la tragedia francesa, con raíces clásicas, aunque con un acento propio que lo distingue, igual que a Racine, si bien por motivos diferentes, de las producciones de sus contemporáneos en el resto de Europa. A diferencia de Shakespeare, Corneille regresa a los mitos. Tanto él como Racine, rivales eternos por la corona del mejor creador, eligieron para sus versos el llamado alejandrino, una línea compuesta por dos hemistiquios de seis sílabas cada uno, y con variedad de rima (aa/bb o ab/ab son las más comunes).

En sus comentarios sobre la tragedia comparada, André Gide sostiene la superioridad de Corneille sobre Shakespeare como poeta dramático con base en que en el primero ningún aspecto de la composición se aparta del propósito de la tragedia, mientras que el segundo suele dejarse llevar por la vena poética, excediendo así los fines de la obra. Convengamos en que muchos de los monólogos escritos por Shakespeare, a menudo en forma de sonetos, pueden extrapolarse del cotexto y del contexto y adquirir significado propio. Pero no acuerdo en que hay un 'dejarse llevar', un 'exceso' de texto. Todo el texto hace a la diversidad de facetas de los personajes y situaciones. En cambio, Corneille, apegado a las reglas de aquel supuesto 'deber ser' que yo critico en la *Poética* de Aristóteles, a veces es unilateral, o trabaja en planos de dimensión única. Y por otra parte, ¿cuándo se ha visto que un francés admita la igualdad, y mucho menos la superioridad, de un inglés, si ellos siguen embarcados en la guerra que los dividió durante aquellos cien años, aunque ya nadie por allí recuerda por qué empezó?

Si bien los hechos concretos que tratamos aquí no provienen de una fuente en particular, las opiniones críticas fueron tomadas de los estudios de George Steiner, un pensador cosmopolita, nacido en Francia, educado en los Estados Unidos, y catedrático en Inglaterra. Dice Steiner que, fuera de Francia, la apreciación de Corneille y Racine se limita a los poetas y académicos, no así al público en general. Tragedias como *El Cid, Athalie, Horace,* o *Fedra* se ponen en escena ocasionalmente, como piezas de museo más que como teatro vivo. Steiner afirma, además, que la tragedia clásica francesa no influenció el desarrollo dramático de ningún otro país, a pesar de su fuerza y esplendor intrínsecos, y que no es aquí el caso culpar a las traducciones, dado que la gran literatura atraviesa todas las fronteras, y que obras de fuentes tan dispares como *La Orestíada, Hamlet,* y *Fausto,* por nombrar sólo algunas, han cruzado todas las fronteras y pertenecen al mundo, aún a riesgo de los malentendidos suscitados por las diferencias idiomáticas. Esto demostraría que sus argumentos, construcción de los personajes, y diálogos conservan la potencia necesaria para sobrevivir a las estructuras de lenguas menos ricas o, simplemente, muy diferentes, y que inclusive una versión moderna y en prosa de *Antígona* o *Macbeth* fascina al espectador de cualquier nacionalidad.

En la tragedia francesa clásica, la ausencia casi absoluta de acción física, de gestualidad, de lenguaje corporal, tal como ocurría con la tragedia griega, coloca todo el peso del sentido en el lenguaje. Nosotros hemos hablado del lenguaje en Shakespeare, pero se trata de dos cosas diferentes. En el inglés, el lenguaje es producto de la pasión en bruto, combinado de modo tal que sorprende y apela a la captación sensorial del espectador. En cambio, parecería que las formas poéticas elegidas por estos trágicos están mucho más alejadas que cualquier otra de los elementos lingüísticos universales con los que se trataron, y todavía se tratan, los mitos cuyo basamento arcaico, presente en el inconsciente humano de cualquier época, hace que las grandes tragedias de otros orígenes resuenen más allá de los límites geográficos y temporales.

Maulnier, un estudioso de las formas poéticas francesas, dice que esta poesía se compone de material ya refinado por una tradición literaria, y que la materia predominante es la poesía misma, no su contenido; que es arte dirigiéndose al arte, no al espectador, en un medio rigurosamente puro y abstracto, sin piso concreto alguno que aliente la empatía, identificación, o aversión. En fin, la grandilocuencia y la pompa del idioma, que pertenecieron y continúan haciéndolo al habla y la escritura culta, pone a los franceses ante algo que les es familiar y propio. Esta grandilocuencia de estilo, no compartida por otras lenguas, llega en ellas a un sentido del ridículo que destruyen la intención del dramaturgo.

El caso de Racine es levemente distinto. Los 'efectos supremos' que se dicen obtuvo resultaron de una deliberada y cuidadosa omisión de toda cuestión superflua para el nudo de la tragedia. En su concepción escénica de *Fedra*, sobre un escenario totalmente vacío, salvo por una silla, los usos que la heroína hace de esta silla causan una perturbación intensa. Sin embargo, paradójicamente, es lo superfluo lo que abre los sentidos y la atención del público, preparándolo para lo irrenunciable. Sin estos elementos, el extrañamiento, la sensación de lejanía se impone a toda emoción, y el espectador se posiciona como un testigo involuntario de unas emociones que siente que no le atañen. Casi, casi, el efecto buscado por Brecht en su propio "Teatro de la alienación", donde ésta cumplía con un propósito didáctico, muy diferente de lo que se proponían los trágicos.

Steiner concede que esta misma dificultad –el despojamiento –que explica en gran medida el aislamiento de la tragedia francesa fue, sin embargo, superada en casos similares, poniendo como ejemplo la sobriedad inquietante de la tragedia griega (yo diría que sólo la de Esquilo, pues es la única que no contó con más que con las voces) y de las de Goethe. Se pregunta, no sin razón, por qué un público que acepta la convención teatral de la inmovilidad planteada en *Las tres hermanas* de Chéjov se desespera ante idéntica situación en *Berenice* (una mítica reina de Palestina y la trágica relación amorosa que la une al emperador romano

Tito) o *Fedra*. Y tal vez la respuesta sea que las obras de los franceses quedaron tan 'pegadas' en forma y, a menudo, en contenido, a las tragedias griegas originales, que se vivía/se vive un efecto de 'material de segunda mano': ¿para qué ver la copia teniendo el original disponible?

Solemos hablar de Corneille y Racine como de un par equivalente. Sin embargo, su concepción personal de la vida y del teatro es completamente antitética. Lo único que tienen en común es que escribieron en la misma época y que rivalizaron por los favores del público. Las razones de su inaccesibilidad también son diferentes, así como su sensibilidad y técnica dramática.

Corneille era, esencialmente, un hombre de teatro, un hombre de provincia (nacido y criado en Rouen), que no desdeñaba los artificios escénicos como si fueran un insulto a la dignidad de la poética. Ninguna de sus obras se originó en la teoría del 'deber ser' ni en cuestiones escénicas formales, sino en las tradiciones populares genuinas, fuertemente marcadas por la influencia de Séneca. Hay algo semioculto en sus tragedias, algo que es necesario buscar cuidadosamente, y que se relaciona con una apariencia neoclásica salvaguardando un avance sobre esta escuela. Para decirlo de otro modo: la introducción del neoclasicismo en Francia se debió a Richelieu y terminó de imponerse con Mazarino. Ambos cardenales apoyaron este renacimiento porque la tragedia clásica, más allá de los temas, enfatizaba la necesidad de un orden jerárquico —el hombre sometido a los dioses— que ellos deseaban sostener: dicho orden debía regir tanto en el arte como en la vida, y era el orden que convenía al absolutismo de las monarquías de las que los dos fueron artífices y pilares.

Corneille se escuda en el neoclasicismo para decir otra cosa. Después de *Medea*, su primera tragedia, reescritura del original de Eurípides pasando por la traducción latina, y a la que da un final que llamaríamos barroco, pues Medea sobrevive y parte en una carroza tirada por dragones mientras que Jasón se suicida en escena, Corneille se vuelca a lo que los puristas tildarían de formas 'bastardas' de la tragedia, basándose en que las tragedias posteriores no terminan en muerte y destrucción, sino en una expansión del sentido moral del individuo que lo lleva a revalorizar el sentido del deber. Éste es el héroe trágico de Corneille por excelencia: un individuo que se debate entre lo que desea y lo que la sociedad le exige. En todos los casos, la elección, nada fácil y muy dolorosa, opta por el interés superior antes que por la satisfacción personal, que Corneille considera efímera, en tanto cada uno de los deseos, en su concepción, constituyen sólo una fase de la vida, que darán lugar a otra, y así hasta la muerte, mientras que llevar a cabo el deber que le impone su condición de hombre en el mundo pone propósito, o misión, a la razón de la existencia. ¡Si parece que estuviéramos hablando de desarrollos filosóficos del s.XX! En cada una de las grandes tragedias de Corneille, la cuestión de la elección se presenta en campos diferentes. En *El Cid* se trata del honor como valor universal; en *Horacio* (relato del conflicto entre los Horacios y los Curiáceos, probablemente historia mítica de la rivalidad entre Alba Longa y Roma), del patriotismo; en *Cina*, un personaje imaginario de la corte de Augusto, de la política, y en *Polyeucte*, basada en la vida de un mártir romano del s.III d.C., de la religión. Por alguna razón, tal vez por ser la última que se escribió para su presentación pública mezclando lo sagrado y lo profano, pues la elección en este caso se presentaba entre el amor mundano y la fe cristiana, esta tragedia dio origen a dos óperas en el s. XIX, una de Gounod, con el mismo título, y otra de Donizetti, cuyo título italianizado fue luego cambiado, en una nueva composición, por el de *Los mártires*. Vale la pena detenernos un momento en *Cina*, porque aunque la acción se sitúa en la antigua Roma, los temas y subtemas caracterizan a la perfección el reinado de Luis XIV, particularmente la supremacía del poder real sobre la nobleza. Esta tragedia se aleja tanto de la 'pureza' que se le exige a la forma que casi podría decirse que hemos traspasado los umbrales del melodrama, pues combina elementos de una comedia de enredos con contenido trágico, y prima la clemencia del emperador por quienes han atentado contra su vida. Los detractores de Corneille postulan que éste se inclina aquí ante las 'bondades' del poder absoluto.

Nada de lo dicho se aplica a Racine. La tradición latina –la de Séneca– lo afectó poco y nada. Ampliando un poco lo que dijimos acerca del autor romano en el encuentro pasado, vamos a recordar primero que, al traducir las tragedias griegas, las reescribió también, agregando elementos de su cosecha, y que en las propias abusó de la retórica y de los discursos moralizantes. Séneca parecía encontrar especial placer en narrar detalladamente hechos espantosos, y tendió a reemplazar las figuras de los dioses por espectros y brujas. En tanto los originales de las obras atenienses eran muy poco conocidos, y cada vez menos, los tiempos posteriores confundieron estas versiones con la alta tragedia clásica. Lo cierto es que eran un compendio de venganzas, ocultismo, suicidio, y sangre por todas partes, sin otro fin ulterior que el espanto por el espanto mismo.

Corneille se apegó más bien al estilo discursivo grandilocuente de estas obras, pero tanto él como otros autores adoptaron la figura del sirviente/confidente, visible en todas las versiones conocidas del Don Juan, que abarcan casi todos los idiomas occidentales y de las cuales yo he contado alrededor de noventa, y seguramente alguna se me pasó por alto.

Racine, entonces, se apegó por completo a la tragedia neoclásica más cerrada. Según Steiner, ello se explica por el hecho de que Racine era un poeta contratado por la corte, lo cual implica su aceptación sin cuestionamientos de los valores de casta por los que se regía la aristocracia. Racine escribía teatro, para el que poseía un enorme talento, pero no le gustaba el teatro. He aquí una de las grandes diferencias que lo separaban de Corneille. Por la misma razón –su falta de compromiso con el teatro– optó por el tipo de tragedia que le permitía despreocuparse casi totalmente de las contingencias materiales de una puesta en escena; es decir, volvemos a contar sólo con el discurso, que arma la obra por y en sí mismo.

Por otra parte, Racine adhería a la cultura ateniense de que la tragedia era parte del ritual de las ocasiones solemnes que mencionamos en nuestro primer encuentro, y su afinidad con los trágicos griegos provenía, podría decirse, de los motivos equivocados, puesto que no encontraba afinidad con ellos respecto de su visión del mundo sino porque imaginaba la dignidad incomparable de aquellos trágicos. En el prólogo a su *Ifigenia* afirma su satisfacción en imitar a Eurípides y a Homero porque la razón y el sentido común no varían a través de los siglos, y que el gusto de los parisinos no difiere del de los atenienses. Esta declaración resulta, por lo menos, algo confusa. Imagino que la imitación de Homero se refiere a la temática y a la lírica; no me queda tan claro qué significan "razón y sentido común" en el contexto neoclásico, y supongo que los parisinos mencionados son los miembros de las clases altas, dado que el estándar de la educación popular no se parecía para nada al sistema estatal generalizado implementado por Inglaterra en años anteriores.

Curiosamente, toda la perfección artística de Racine se pone de manifiesto en dos obras que no estaban destinadas a la representación, y que llegaron al escenario recién alrededor de 1720 a instancias de la *Comédie Française*. Las obras a las que me refiero son *Esther* y *Athalie*, ambas con la reintroducción del coro ya prácticamente desechado por las últimas tragedias clásicas. Seis dramaturgos franceses habían volcado la historia de Esther en obras anteriores bajo el mismo título. Tratándose de un drama litúrgico basado en el personaje bíblico, y escrito a instancias de Mme. de Maintenon para la edificación piadosa de las aristocráticas señoritas que se educaban en el colegio St. Cyr, llama la atención que haya concitado tantos elogios como que se diga que realiza plenamente, junto con *Athalie*, el ideal trágico de Racine. Probablemente se deba a que se atuvo estrictamente a los hechos relatados en el libro de Esther, 'limpiando' las digresiones y volcando toda la fuerza en el poder del amor y el triunfo final de la justicia. *Athalie*, basada también en un relato bíblico, una reina apóstata convertida al culto de Baal y que termina ejecutada por supuestos crímenes, parece haber sido adornada con ciertos rasgos de carácter de Mme. de Maintenon, quien ejerció su influencia sobre el rey para que no fuera estrenada mientras ella viviera.

El arte dramático que emana de *Berenice*, *Ifigenia*, y *Fedra* requiere la absoluta atención del espectador, y de ninguna manera una acentuada perturbación emocional ni la identificación con lo que se presencia. Steiner comenta, no sin ironía, que la identificación de nosotros, pobres seres de un mundo arrasado por la creencia en determinadas igualdades, con estos personajes regios y ceremoniosos sería una estupidez desde el punto de vista psicológico y una insolencia desde el punto de vista social. Aquí se nos presenta nuevamente la figura de Brecht, en tanto parecería que Racine busca, en estas obras, el extrañamiento deliberado entre el público y la acción. Comparando las palabras de uno y otro al respecto, Brecht ha dicho: "Esto es una obra de teatro; no la vida real, y no pretende serlo". Así conceptualiza la alienación o *Verfremdung* que guía un tramo de su teatro. Por su parte, Racine declara: "Estas son tragedias. Son más puras y más significantes que la vida diaria; reflejan lo que podría ser la vida si se la viviera en todo momento en el plano más elevado del decoro y si, en todo momento, hiciera honor a las responsabilidades y obligaciones de la nobleza". A siglos de distancia, ambos autores requieren como condición del espectador una clara diferenciación entre la realidad y el realismo, aunque este movimiento no surgió en Francia hasta mediados del s. XIX.

Esta frase de Racine explica la naturalidad con la que vuelve a usar las unidades aristotélicas. En su teoría del arte trágico, no es posible excluir la vulgaridad grosera de la vida, de los cuerpos, durante más de veinticuatro horas. En las obras de Racine, el caos del diario vivir queda confinado fuera de la escena. Es ahí, fuera de la escena, donde los personajes dan libertad a las expresiones y actos de su agonía, donde duermen, donde realizan las acciones nimias que los sostienen como seres en el mundo.

Puesto de otra manera, el espacio donde se desenvuelve la tragedia de Racine es aquella parte de Versailles que queda directamente bajo la mirada del rey, la que exige decoro, autocontrol, comportamiento ritualístico y total atención a las reglas. Racine, en una palabra, es el dramaturgo que historiza aquellos lugares donde la presencia del rey impone la renuncia a la humanidad del individuo.

SHAKESPEARE EN FREUD I

Cuando digo que Freud no se había ocupado particularmente de la religión, me refiero en realidad a que no se había ocupado del hombre "en religión". En efecto, sus ensayos sobre *Moisés y la religión monoteísta*, escritos entre 1934 y 1938 (Amorrortu, Obras Completas, Tomo IX, p. 2341), hacen un cuidadoso análisis de un mito fundacional hebreo –cabría aclarar que se trata del segundo– para luego anudarlo, mediante la analogía, a conceptos fundamentales de la teoría tales como el retorno de lo reprimido, la latencia, la compulsividad, el trauma, la fobia, y, generalmente hablando, el desencadenamiento de la neurosis. Ustedes pueden leer la obra; la encontrarán altamente ilustrativa. Lo que me interesa rescatar ahora es que, siguiendo a Otto Rank (*El mito del nacimiento del héroe*, 1909), Freud propugna que el mito de Moisés no difiere mucho de los mitos griegos relatados en las tragedias, a saber (cito):

1. El héroe es hijo de ilustrísimos padres, casi siempre hijo de reyes.
2. Su concepción es precedida por dificultades, como la abstinencia, la esterilidad prolongada o las relaciones secretas de los padres u otros obstáculos exteriores. Durante el embarazo, o aún antes, ocurre un anuncio (sueño, oráculo) que advierte contra su nacimiento, amenazando por lo general la seguridad del padre.
3. En consecuencia, casi siempre el niño recién nacido es condenado por el padre o el personaje que lo representa a ser muerto o abandonado; de ordinario se lo abandona a las aguas en una caja.
4. Luego es salvado por animales o gente humilde y amamantado por un animal hembra o una mujer de baja alcurnia. *Una excepción sería la de Edipo, que pasa de una familia real a otra.

5. Ya hombre vuelve a encontrar a sus nobles padres por caminos muy azarosos; se venga del padre y, además, es reconocido, alcanzando grandeza y gloria.

Podemos decir que, en el caso de Moisés, la cosa ocurrió al revés. Pero Freud sostiene que Moisés, por la desinencia de su nombre, no es un hebreo adoptado por una princesa egipcia, sino un egipcio cuyo abuelo faraón habría sido advertido por un sueño profético que un hijo de su hija le depararía peligros, a él y a su reino. Por eso hace que lo abandonen en el Nilo, del cual lo salva una humilde familia hebrea que lo cría como hijo propio. Cuando se inscribe la historia del pueblo judío en el Antiguo Testamento, no le sirve a esa historia reconocer como padre a un extranjero, y el mito se subvierte.

Aclarado esto, volvamos a buscar a Shakespeare en los escritos de Freud. En "Material y fuentes de los sueños", (op. cit., Tomo II, p. 509) a continuación de su análisis de *Hamlet*, equiparado a la relación de un hijo con sus padres, Freud toma *Macbeth*, interesándose especialmente en el aspecto de la esterilidad. Dice esto: "Del mismo modo que el sueño y, en general, todo síntoma neurótico, es susceptible de una superinterpretación e incluso precisa de ella para su completa inteligencia, así también toda verdadera creación poética debe de haber surgido de más de un motivo y un impulso en el alma del poeta y permitir, por tanto, más de una interpretación."

En "Algunos tipos de carácter...", Freud se ocupa de Lady Macbeth en el apartado II, "Los que fracasan cuando triunfan". Dice Freud que no es infrecuente observar que la no frustración de un deseo lleve a la angustia, y, lo que es realmente significativo, anuncia que no se atreve a elucidarlo a través de su propia experiencia y conocimiento, sino que prefiere hacerlo recurriendo a los poetas que tan bien conocen el alma humana.

Y continúa: El trabajo analítico nos muestra fácilmente que son poderes de la conciencia moral los que prohíben a la persona extraer de ese feliz cambio objetivo el provecho largamente esperado. No obstante, averiguar la esencia y el origen de estas tendencias correctoras y punitivas, que a menudo nos sorprenden aun allí donde no esperaríamos hallarlas, es tarea difícil. Lo que sabemos o conjeturamos sobre eso no quiero elucidarlo, por las razones conocidas, basándome en casos de la observación médica, sino en figuras que grandes literatos han plasmado a partir de su cabal conocimiento del alma humana.

Una persona que se derrumba tras alcanzar el triunfo, después que bregó por él con pertinaz energía, es Lady Macbeth de Shakespeare. Antes, ninguna vacilación y ningún indicio en ella de lucha interior, ninguna otra aspiración que disipar los reparos de su ambicioso pero sentimental marido. A su designio de muerte quiere sacrificar incluso su feminidad, sin atender al papel decisivo que habrá de caberle a esa feminidad después, cuando sea preciso asegurar esa meta de su ambición alcanzada por el crimen:

«¡Venid a mí, espíritus que servís a los mortales pensamientos! ¡Despojadme de mi sexo! (...) ¡Venid a mis senos de mujer, y convertid mi leche en hiel, emisarios homicidas !». (Acto I, escena 5.)

«He amamantado a un niño, y sé lo grato que es amar a quien del seno se alimenta : pues bien, en el instante mismo en que sonriese ante mi rostro le arrancaría el pezón de sus blandas encías y le partiría el cráneo, si hubiera jurado hacerlo como tú lo juraste en este caso». (Acto I, escena 7.)

Una única, imperceptible, moción renuente se apodera de ella antes de obrar:
«Yo misma lo habría hecho, de no haberme él recordado a mi padre dormido...». (Acto II, escena 2.)

Ahora, cuando se ha convertido en reina por el asesinato de Duncan, se anuncia fugazmente en ella algo como una desilusión, como un hastío. No sabemos el porqué.

«Nada se gana, al contrario, todo se pierde, cuando nuestro deseo se cumple sin contento : vale más ser aquello que hemos destruido, que por la destrucción vivir en dudosa alegría». (Acto III, escena 2.)

Pero persevera. En la escena del banquete, la que sigue a esas palabras, sólo ella conserva la sangre fría, salva la turbación de su marido, halla un pretexto para despedir a los huéspedes. Y después desaparece de nuestra vista. Volvemos a verla (en la primera escena del quinto acto) como sonámbula, fijada en las impresiones de aquella noche sangrienta. De nuevo, como entonces, infunde ánimo a su esposo:

«¡Qué vergüenza, mi señor, qué vergüenza! ¿Un soldado, y con miedo? ¿Por qué temer que alguien lo sepa, si nadie puede pedir cuentas a nuestro poder? ». (Acto V, escena 1.)

Oye el toc toc en la puerta que aterrorizó a su esposo tras el crimen. Pero a la vez se esfuerza por «deshacer lo que ya no puede ser deshecho». Lava sus manos salpicadas de sangre y que a sangre huelen, y se hace consciente de la vanidad de ese empeño. El arrepentimiento parece haberla postrado a ella, la que parecía tan despiadada. Cuando Lady Macbeth muere, su esposo, que entretanto se ha vuelto tan inflexible como ella se mostraba al comienzo, sólo le dedica este breve epitafio:

«Bien pudo haberse muerto luego; tiempo habría habido para esa palabra». (Acto V, escena 5.)

Y ahora uno se pregunta: ¿Qué fue lo que destruyó ese carácter que parecía forjado del metal más duro? ¿Fue sólo la desilusión la otra cara de la hazaña cumplida? ¿Acaso debemos inferir que también en Lady Macbeth una vida anímica en su origen dulce y de femenina blandura se fue empinando hasta alcanzar una concentración y una tensión extrema que no podían ser duraderas, o tenemos que salir en busca de indicios que nos hagan comprender humanamente ese derrumbe por una motivación más profunda? Considero imposible acertar aquí con una decisión. *Macbeth*, de Shakespeare, es una pieza de ocasión, compuesta para la coronación de Jacobo, hasta entonces rey de Escocia. El material preexistía y había sido tratado contemporáneamente por otros autores, cuyo trabajo, es probable, Shakespeare aprovechó de la manera habitual. Presentaba notables analogías con la situación presente. La «virginal» Isabel, de quien las habladurías decían que en verdad había sido infecunda y cierta vez, cuando le dieron la noticia del nacimiento de Jacobo, en un doloroso estallido se definió como «un tronco estéril», se vio forzada, justamente por su falta de hijos, a dejar que la sucediese el rey de Escocia. Pero este era el hijo de aquella María cuya ejecución ella había dispuesto aun a disgusto, y que a pesar de todo lo que se empañaron las relaciones por causas políticas, no dejaba de ser su parienta consanguínea y su huésped. La ascensión al trono de Jacobo I fue como un testimonio de la maldición de la esterilidad y de la bendición de una generación continuada. Y por este mismo contraste se rige el desarrollo de Macbeth, de Shakespeare. Las Parcas le habían augurado que él sería rey, pero a Banquo, que sus hijos habrían de ceñirse la corona. *Macbeth* se subleva contra este veredicto del destino, no se conforma con satisfacer su propia ambición, quiere ser el fundador de una dinastía y no haber asesinado para beneficio de unos extraños. Se descuida este punto cuando sólo se quiere discernir en la pieza de Shakespeare la tragedia de la ambición. Resulta claro que, como Macbeth no puede vivir eternamente, no le queda más que un camino para desvirtuar la parte de la profecía que le es desfavorable, a saber, tener él mismo hijos que puedan sucederle. Es lo que parece esperar de su fuerte mujer:

«¡No des a luz más que hijos varones, pues tu temple intrépido sólo puede crear machos ! » . (Acto I, escena 7.)

Y es igualmente claro que si es defraudado en esta expectativa deberá someterse al destino; de otro modo, su obrar perdería toda meta, toda finalidad, y se mudaría en la furia ciega de alguien que está condenado a desaparecer, pero que antes quiere aniquilar lo que se ponga a su alcance. Vemos que Macbeth recorre este desarrollo, y en el ápice de la tragedia hallamos aquel grito conmovedor, cuya multivocidad se ha reconocido tantas veces y que podría contener la clave de la mudanza de Macbeth; nos referimos al grito de Macduff:

«¡El no tiene hijos!» . (Acto IV, escena 3.) Eso quiere decir, sin duda: « Sólo porque él no tiene hijos pudo matar a los míos»; pero puede esconder algo más, y sobre todo podría despejar el motivo más profundo que empuja a Macbeth a rebasar en mucho su naturaleza y que también alcanza a su dura mujer en su único punto débil. Pero si se contempla el panorama de la tragedia desde el punto culminante que marcan las palabras de Macduff, se la ve toda ella recorrida por referencias a la relación padre-hijos. El asesinato del bondadoso Duncan es poco menos que un parricidio; en el caso de Banquo, Macbeth ha matado al padre, mientras que el hijo se le escapó; en cuanto a Macduff, le mató los hijos porque el padre se le había escapado. En la escena del conjuro, las Parcas le hacen aparecer un niño ensangrentado y un niño coronado; la cabeza cubierta con un casco que apareció antes es, sin duda, Macbeth mismo. Pero en el trasfondo se levanta la sombría figura del vengador Macduff, él mismo una excepción a las leyes de la generación, pues no nació de su madre, sino que lo sacaron de su vientre.

Ahora bien, sería de una justicia poética erigida totalmente sobre la ley del talión que la falta de hijos de Macbeth y la esterilidad de su mujer fueran el castigo por sus crímenes contra la santidad de la generación, que Macbeth no pudiera ser padre porque arrebató los hijos al padre y el padre a los hijos, y que en Lady Macbeth se cumpliera ese despojamiento de su sexo que pidió a los espíritus de la muerte. Creo que se comprendería sin más la enfermedad de Lady Macbeth, la mudanza de su temeridad en arrepentimiento, como reacción frente a su falta de hijos, que la convence de su impotencia contra los decretos de la naturaleza y al mismo tiempo le recuerda que por su propia culpa ha sido privada de los mejores frutos de su crimen. En la crónica de Holinshed (1577), de la que Shakespeare tomó el tema de Macbeth, Lady Macbeth es mencionada una sola vez como una ambiciosa que instigó a su marido al asesinato para convertirse en reina. Nada se dice de sus ulteriores destinos ni de un desarrollo de su carácter. En cambio parece como si la mudanza del carácter de Macbeth en una fiera sanguinaria tuviera ahí motivos parecidos a los que acabamos de aventurar. En efecto, en Holinshed, entre el asesinato de Duncan, por el cual Macbeth se hace rey, y sus posteriores fechorías trascurren diez años, en los que él se muestra como un monarca severo, pero justo. Sólo pasado ese lapso le sobreviene aquella alteración, dominado por el martirizante temor de que la profecía augurada a Banquo pudiera cumplirse, como en efecto ocurrió con la de su propio destino. Sólo entonces hace asesinar a Banquo, y es llevado, como en Shakespeare, de un crimen a otro. Es verdad que en la crónica de Holinshed no se dice expresamente que su falta de hijos lo empujara por ese camino, pero en ella queda tiempo y espacio para esa sugerente motivación. No así en Shakespeare. En la tragedia, los acontecimientos se precipitan sobre nosotros con una prisa que suspende el aliento, y por las indicaciones de los personajes se puede calcular que la acción de la pieza trascurre más o menos en una semana. Esta precipitación resta base a todas nuestras construcciones sobre los motivos del vuelco de carácter de Macbeth y su mujer. Falta el tiempo de un continuo desengaño en la espera del hijo, que pudiera desmoralizar a la mujer y empujar al hombre a una furia temeraria, y queda en pie la contradicción: dentro de la pieza, y entre ella y la ocasión que llevó a escribirla, son muchos los finos nexos que convergen coincidentemente en el motivo de la falta de hijos; no obstante, la economía temporal de la tragedia desautoriza de manera expresa una evolución del carácter no debida a los motivos más internos.

¿Cuáles pueden ser esos motivos, que en un lapso tan breve hacen de un ambicioso pusilánime una fiera desenfrenada y de la instigadora de temple de acero una enferma contrita por el arrepentimiento? He aquí algo que a mi juicio no puede averiguarse. Creo que no tenemos más remedio que renunciar a ello en esa triple oscuridad en que se han condensado la mala conservación del texto, la ignorada intención de su creador y el sentido secreto de la saga. Y yo no admitiría, por otra parte, que alguien objetase tales indagaciones por ociosas en vista del grandioso efecto que la tragedia produce en el espectador. Mientras dura la representación, sin duda, el dramaturgo puede dominarnos gracias a su arte y paralizar nuestro pensamiento, pero no puede impedirnos que nos empeñemos, con posterioridad, en aprehender el mecanismo psicológico de ese efecto. También me parece fuera de lugar aquí la observación de que el artista es libre de compendiar arbitrariamente la sucesión natural de los acontecimientos que presenta si mediante ese sacrificio de la común verosimilitud puede obtener un realce del efecto dramático. Un sacrificio así sólo .puede justificarse si menoscaba meramente la verosimilitud, mas no si suprime el enlace causal; y el efecto dramático no quedaría roto si el discurrir temporal se dejara indeterminado en lugar de circunscribirlo a unos pocos días mediante declaraciones expresas.

Es tan penoso abandonar por insoluble un problema como el de Macbeth, que me atrevo todavía a señalar algo que apunta a una salida novedosa. Ludwig Jekels, en un reciente estudio sobre Shakespeare, ha creído entrever un resorte de la técnica del poeta que también podría operar en Macbeth. Opina que Shakespeare con frecuencia parte un carácter en dos personajes, cada uno de los cuales, como bien se comprende, parece después incompleto hasta que no se lo recompone en unidad con el otro. Ese podría ser también el caso con Macbeth y Lady Macbeth, y entonces sería vano, desde luego, el empeño de concebirla a ella como una persona autónoma y de buscar los motivos de su mudanza sin tomar en cuenta el Macbeth complementario. No he de seguir adelante por esta pista; empero, quiero aducir algo que de manera harto llamativa apoya esta concepción, a saber, que los gérmenes de angustia que la noche del asesinato brotan en Macbeth no prosperan en él, sino en Lady Macbeth. Él fue quien antes del crimen tuvo la alucinación del puñal, pero es ella la que después cae presa de la enfermedad mental. El, tras el asesinato, oyó que gritaban en la casa: «¡No dormirás más! ¡Macbeth ha asesinado al sueño!», y entonces Macbeth no debería dormir más, pero nada de eso percibimos; no vemos que el rey Macbeth no duerma más, y sí a la reina levantarse dormida y, sonámbula, delatar su culpa; él estuvo inerme ahí, con las manos ensangrentadas, lamentándose de que el inmenso océano de Neptuno no bastaría para limpiarlas; en ese momento ella le infundió confianza : «Un poco de agua nos limpiará de esta acción», pero después es ella la que durante un largo cuarto de hora se lava y no puede quitarse las salpicaduras de la sangre: «Ni todos los perfumes de Arabia purificarían esta pequeña mano mía» (acto V, escena 1) . Así se cumple en ella lo que él, en los remordimientos de su conciencia moral, temía; ella pasa a ser la arrepentida tras el crimen, él pasa a ser el temerario, y entre los dos agotan las posibilidades de reacción frente al crimen, como dos partes desunidas de una única individualidad psíquica y quizá copias de un solo modelo".

SHAKESPEARE EN FREUD II

El sueño "se desplaza por un bosque de escritura" que no obedece a las nociones tradicionales de la lógica o el tiempo. "Freud piensa que el sueño se desplaza como una escritura original, que pone en escena palabras sin someterse a ellas [...] piensa aquí en un modelo de escritura irreductible al habla [...] Pero convierte la escritura psíquica en una producción tan originaria que la escritura tal como se la cree poder entender [...] escritura codificada y visible <<en el mundo>>, no sería más que una metáfora de aquélla. Cabe preguntar, sin embargo: ¿qué clase de lectura y de desciframiento", son estos? Puesto que la interpretación de los sueños "será, sin duda, en primera instancia, una lectura y un desciframiento" Al margen de la llamada "paternidad del psicoanálisis", Freud muestra las características de un gran escritor, cosa nada fácil cuando se trata de conjugar la escritura académica con los elementos propios de la escritura creativa. Habría que decir que detrás de todo gran escritor hay un gran lector, frase que no refiere meramente a la cantidad y calidad de lectura sino que, además, implica una posición activa en la cual el lector dialoga con el texto, lo interroga, y termina realizando su propia síntesis. En otras palabras, y sin importar cómo termine un texto literario dado, una vez que ha salido de manos de su autor, la última palabra respecto de su interpretación queda a criterio de los lectores. Y es que el lector sensible va a atravesar el nivel del enunciado para descubrir el de la enunciación, aquello que atravesó los mecanismos de selección y censura del escritor, colándose por la cadena significante. Por otra parte, Freud habla mucho de la escritura, que para él no se limita a la concatenación lineal de signos sobre un medio estable o inestable, sino que, por ejemplo, en el Proyecto, afirma que tanto el aparato como el trabajo psíquico constituyen una forma de escritura. En un artículo titulado *Freud y la escena de la escritura*, al que vamos a recurrir a menudo, Derrida comenta que "el sujeto de la escritura no existe, si por tal se entiende la soledad soberana del escritor. El sujeto de la escritura es un sistema de relaciones entre las capas del bloc mágico, de lo psíquico, de la sociedad, del mundo. Dentro de esta escena, la simplicidad puntual del sujeto clásico no es encontrable. Para describir esta estructura no basta con recordar que siempre se escribe para alguien; y en cuanto a las oposiciones emisor-receptor, código-mensaje, etc. siguen siendo instrumentos muy groseros. Se buscaría en vano en el público el primer lector, es decir, el primer autor de la obra. Y la sociología de la literatura no se percata de la guerra y de las astucias en las que de esa manera se pone en juego el origen de la obra, entre el autor que lee y el primer lector que dicta."

¿Para qué le sirven a Freud los incontables textos que almacena en su cabeza como si se tratara de una predecesora de las bibliotecas virtuales que hoy acumulamos en kindles, tablets, y demás aparatejos? Pues para ejemplificar sus desarrollos a partir de fuentes conocidas por todos... por todos sus contemporáneos y, con gran generosidad, por las generaciones educadas o cultas hasta no más allá de 1960. Los textos y autores que menciona con toda naturalidad, muchas veces de pasada, a menudo sin identificar la obra en cuestión, pues siente que sería pedante de su parte hacerlo, devienen en enigmas que, o se pasan por alto, u obligan a salirse del escrito freudiano para buscarlos en otra parte. Así ocurre con una de las citas en las que vamos a detenernos hoy. Antes me gustaría señalar que al menos dos de los términos que se manejan en lo más básico del psicoanálisis fueron tomados de la literatura. Hablo de la metáfora y la metonimia, la condensación y el desplazamiento. Hay otros (sinécdoque, oxímoron, hipérbole). Es verdad que, al cambiar de campo, también varió el sentido. Sin embargo, provoca una cierta curiosidad el pensar qué nombre habrían recibido estos mecanismos si la literatura no los hubiese tipificado primero. Digamos que, para la literatura ortodoxa, la metáfora es una comparación de la cual se ha eliminado uno de los términos, ilativo por el que se encuentra presente. O que se compone de tres elementos: uno real –el que está expresado; uno imaginario– el que ha de inferirse, y la conexión entre ambos, que resulta de la semejanza entre ambos. Muchas frases de nuestro lenguaje diario son, en realidad, metáforas. "La peste tomó a la ciudad por asalto", por ejemplo. La conexión implícita se encuentra entre lo dicho y una tropa invasora, que es el término elidido.

La metonimia designa un objeto o idea con otro nombre mediante una asociación semántica explícita. Cuando decimos que "la pava hierve", usamos un tipo de metonimia en el cual el continente refiere al contenido. Usando una terminología típica de la semiótica (teoría de los signos), puede decirse que la metonimia es el desplazamiento de algún significado, desde un significante hacia otro significante, que le es en algo próximo.

Entonces, Freud se sirvió generosamente de la literatura, aunque según Derrida en el texto mencionado, no hizo uso de los tropos sino más bien de los contenidos, para producir una escritura propia, original, armoniosa y, por sobre todo, clara.

En la primera clase, ustedes trabajaron *Hamlet* desde *La interpretación de los sueños*, o al revés. Se me ocurrió que este texto, plagado de citas y referencias a todo tipo de autores, no solamente literatos, contiene suficientes poetas, novelistas y dramaturgos como para quedarnos en él un buen tiempo. Tenemos una lista, aunque no en el orden en el que aparecen, y ya que empezaron por Shakespeare, podemos continuar con él.

Creo que hablaron de su vida personal, o al menos de su relación al hijo. Un aspecto importante es que escribió a caballo entre dos reinados, el de Isabel I (1558-1603) y el de Jacobo I de Inglaterra y VI de Escocia (1603-1625).

Podríamos preguntarnos en qué afecta esto la creación de un poeta y dramaturgo. Pues en este caso, se trata tanto de una cuestión política como de supervivencia, evidente sobre todo en las llamadas "obras históricas". Las clasificaciones y etiquetas a las que no pueden sustraerse los inmortales decidieron dividir las obras en históricas, tragedias, comedias, y "*problem plays*". Esta cuarta denominación, bastante nueva –data de fines del siglo XIX y fue acuñada por el crítico inglés Frederick Boas- incluye *Bien está lo que bien acaba, Medida por medida, Troilus y Crésida, Cuento de invierno, Timón de Atenas, El mercader de Venecia, y Hamlet*, que proporcionaría el vínculo entre este tipo de teatro y la tragedia. El nombre puede entenderse como los problemas representados o como el problema de clasificación de estos textos, y deriva del tipo de obra típica de Ibsen, contemporáneo de Boas, donde se escenifica alguna problemática social o dilema moral a través de los protagonistas. Al menos dos de las obras y también Ibsen son citados por Freud en *La interpretación*…

Volviendo a las obras históricas, de las cuales vamos a encontrar dos en el escrito de Freud que nos ocupa, Shakespeare no dramatiza, estrictamente hablando, la historia tal cual fue registrada, sino que la distorsiona, a veces mínimamente, otras muchísimo, para apoyar la legitimidad de la dinastía Tudor a la que pertenece Isabel. Y es que cuando la legitimidad de la misma Isabel fue cuestionada, no había más que dar un paso para derribar a todos sus antecesores hasta el primer Lancaster que ocupó el trono. ¿Dónde estoy yendo? A la historia, tamizada por la literatura. Casi espero que me pregunten, o se pregunten, que tiene que ver la historia con el psicoanálisis. Y si la pregunta no está sólo en mi imaginación suspicaz, me permito recordar una pregunta de mi hijo a los 11 años, que luego usé para titular un capítulo de mi libro sobre el *Ulises* de Joyce: ¿para qué sirve el Minotauro? En una época en la que todo debe servir a un fin pragmático, deberíamos quizá desterrar la cultura. Sin embargo, tanto la historia como el discurso de un analizando son relatos, narrativas. En ambos casos la experiencia, lo vivido, imposible de objetivar y poner en tiempo y espacio reales para la contemplación del otro, se tejen en palabras, y ya sabemos que, por un lado, los lenguajes tienen límites y, por otro, las personas no tienen acceso a la totalidad de los elementos de una lengua, por lo cual es necesario tomar en cuenta la pérdida. Más aún, Derrida hace hincapié en las gramáticas individuales, que no tienen otra salida que adaptarse a la colectiva a los propósitos de la comunicación, generando, si no una pérdida, al menos un empobrecimiento. Un mismo individuo puede contar los mismos sucesos con infinidad de variantes, en ocasiones determinadas por la distorsión y en otras por cambios en los conectores lógicos, y la historia dependerá asimismo de los diversos autores. Ni siquiera me atrevo a decir que la historia, al menos, siempre da cuenta de los hechos aunque varíen sus antecedentes, motivos, consecuencias, y explicaciones; no me atrevo a decir que la historia carece de la posibilidad de negación. ¿Acaso no hay quienes niegan el Holocausto? ¿Acaso el nombre mismo no es una negación de lo sucedido, en tanto significa una ofrenda masiva ofrecida a los dioses mediante la destrucción total por el fuego? De ahí que algunos prefiramos hablar de Shoa – masacre.

Shakespeare lee las crónicas de Holinshed –la única historia completa de la que dispone– y recrea situaciones y personajes. En el apartado sobre la elaboración onírica, Freud escribe, de la manera más natural del mundo: "Recordemos al príncipe Hal –de la obra de Shakespeare -que no supo resistir a la tentación de probarse la corona del rey, su padre, junto al lecho en que éste yacía enfermo". (López Ballesteros, Obras Completas, Tomo II, p. 642). ¿Recordemos? Para recordar, es necesario haber hecho una marca en la memoria, y poder tirar del hilo que conduce a ella. Freud habla de un sueño en el que la impaciencia consume a un colega, impaciencia "desconsiderada" que recibe castigo. Luego, en el análisis, resulta que el impaciente era él. El sujeto shakesperiano de la comparación es el futuro Enrique V, y la obra, *Enrique IV*, estrenada en el 1600, faltando tres años para la muerte de Isabel, sin descendencia directa. Ya se hablaba de una alianza con Jacobo Estuardo, su pariente escocés, a condición de que éste se convirtiera al anglicanismo. Hay aquí algo interesante, en tanto la madre de Jacobo, María Estuardo, fue decapitada por orden de Isabel en 1587 luego de pasar largos años en cautiverio. Jacobo era un individuo de extrañas costumbres, extremadamente supersticioso –de ahí que se incluyeran las escenas de las brujas en *Macbeth*, que también veremos en el texto– y que, sin embargo, parece haberse desempeñado bastante bien como soberano de su país de adopción. La implicancia política que Shakespeare explota reside en que el Hal que aparece en *Enrique IV* y en *Falstaff*, una comedia casi bufa, es despreocupado, irresponsable, amoral, frecuentador de tabernas y amigo de indeseables: un verdadero dolor de cabeza para su padre, el primero de su casa en ocupar el trono. La escena que describe Freud es casi espeluznante por lo descarnada; un príncipe que no puede guardar las apariencias y esperar que su padre muera para ponerse la corona. Noten la semejanza con la queja de Hamlet, cuando dice amargamente que su madre se volvió a casar tan rápido que las viandas del funeral de su padre se aprovecharon para la celebración de la boda. Esta es una hipérbole, o exageración del hecho; la desaprensión de Hal el personaje es una realidad. Pero luego, en obras sucesivas –*Enrique V* y *Enrique VI*– Hal sienta cabeza y se convierte en un dechado de virtudes, un gran rey, como si el haber recibido la corona mediante los rituales legitimadores lo hubiera convertido en otra persona. Hay aquí un mensaje sutil que apunta a Jacobo, a quien se vislumbra como futuro monarca.

En el apartado "Material y fuente de los sueños" Freud narra un complicadísimo sueño en el cual se mezclan un conde, un cochero, una estación de tren, y la flor preferida de los alemanes entre otros elementos. Al explicar el sueño, dice: "La declaración de la flor preferida y el ponerse algo en el ojal, que también tiene que ser una flor (cosa que evoca en mí el recuerdo de unas orquídeas que el día del sueño llevé a una señora amiga mía, y además el de una rosa de Jericó) alude claramente a la escena en que Shakespeare nos muestra el punto de partida de la guerra civil de la rosa *roja* y la rosa *blanca*." (López Ballesteros, op. cit., p. 476).

¿Alude claramente? Por cierto, si se dispone del conocimiento. La obra es *Enrique VI*, y la guerra de las dos rosas es en realidad una serie de guerras dinásticas entre las casas de York y Lancaster que tuvo lugar entre 1455 y 1487, bajo los reinados de Enrique VI, Eduardo IV y Ricardo III, y que culminó con la derrota de éste a manos de Enrique Tudor, pariente más cercano de los Lancaster, coronado como Enrique VII y quien casó con una York para unir ambas casas, creando también un nuevo símbolo heráldico, la rosa Tudor, compuesta por cinco pétalos rojos (Lancaster) rodeando cinco pétalos blancos (York). Es intrigante que Freud asocie estas flores con la rosa de Jericó que, para empezar, no es una rosa sino un helecho, y se utilizaba –quizás todavía– en brujería y alquimia, pensándose que tenía poderes de resurrección y que, además, ni era oriunda de Jericó ni de Europa Central o del Este.

Nombramos a Ricardo III, a quien Freud dedica varias páginas en "Varios tipos de carácter descubiertos en la labor analítica" (op. Cit., Tomo VII, p.2415). Vale la pena notar que Freud pone mucho cuidado en aclarar que su fuente es la *Vida y muerte del rey Ricardo III* de Shakespeare y no el personaje histórico, pues está escribiendo en una época en la que el historiador Macaulay probó sin lugar a dudas la inocencia del Ricardo real en los crímenes que Shakespeare le atribuyó; más aún, que su deformidad no era tal, ni tampoco su carácter. Nuevamente por razones políticas, a fin de legitimar la rama Tudor de la casa Lancaster, Shakespeare crea un verdadero monstruo. Y qué interesante... nadie recuerda los hechos históricos, sino que hasta nuestros días se acepta la versión del dramaturgo como auténtica. Una vez más, la palabra crea efectos de realidad, como se propuso probar Eco en su novela *El péndulo de Foucault*.

En "Los de excepción", el primer apartado de este escrito, Freud menciona la analogía entre la deformación del carácter y una infancia enfermiza. Dice así: "Señalaré... una figura, creación de un máximo poeta, en el carácter de la cual la pretensión a la excepción aparece enlazada al factor de la inferioridad congénita y motivada por él".

En el monólogo inicial de la *Vida y muerte del rey Ricardo III* ... dice Gloucester, más tarde coronado rey con aquel nombre: <...Pero yo, que no he sido hecho para los juegos placenteros ni formado para poder admirarme en un espejo; yo, cuyas rudas facciones no pueden reflejar las gracias del amor ante una ninfa inactiva y diáfana; yo, a quien la caprichosa Naturaleza ha negado las bellas proporciones y los nobles rasgos, y a quien ha enviado antes de tiempo al mundo de los vivos disforme, incompleto, bosquejado apenas y hasta tal punto contrahecho y desgraciado que los perros me ladran cuando me encuentran a su paso... Si no puedo ser amante ni tomar parte en los placeres de estos bellos días de felicidad, he de determinarme a ser un malvado y a odiar con toda mi alma esos goces frívolos.>

Freud traduce este monólogo homologándolo al derecho que aquel a quien la Naturaleza le ha sido esquiva le asiste para considerarse una excepción y cometer injusticias tal como se cometieron con él. Lo más interesante es su conclusión: "Y ahora sentimos que nosotros también podríamos llegar a ser como Ricardo, e incluso que lo somos ya en pequeña escala. Ricardo es una ampliación gigantesca de una faceta que también en nosotros encontramos. Todos creemos tener motivos para estar descontentos con la Naturaleza por desventajas infantiles o congénitas; y todos exigimos compensación por tempranas ofensas inferidas a nuestro narcisismo, a nuestro amor propio."

Este apartado concluye con un comentario sobre la calidad literaria de Shakespeare, comentario que sigue siendo válido para juzgar el valor de cualquier texto de ficción en todo tiempo. Dice así: "Pero es el sutil arte económico de un poeta no dejar que un héroe exprese en alta voz y sin residuo todos los motivos secretos que le mueven. Con ello nos obliga a completarnos, ocupa nuestra actividad mental, la desvía de la reflexión crítica y mantiene nuestra identificación con el protagonista. Un poeta mediocre daría, en cambio, expresión consciente a todo lo que quisiera comunicarnos y se hallaría entonces frente a nuestra inteligencia fría y libremente móvil, que haría imposible la ilusión." (¿Problemas de la traducción?) En el Chang Gung Journal of Humanities and Social Sciences de abril de 2012, un artículo de Chin-jung Chiu, profesor de la Universidad de Taiwan, titulado "Freud on Shakespeare: An Approach to Psychopathetic Characters", se agrega a la vasta literatura sobre el tema. Según este autor, el núcleo de este escrito de Freud podría resumirse en que sólo en el amor podemos respetar a otros y perdonarnos a nosotros mismos, y que, básicamente, Freud describe a una persona que crece dentro de relaciones afectivas positivas, siendo Ricardo un ejemplo de lo que ocurre cuando dichas relaciones son negativas.

El autor se permite una digresión acerca de la recepción que tuvo la obra. Acuerda, junto con muchos críticos, que está plagada de defectos. Es larga, despareja, y los personajes femeninos no hacen más que lamentarse y lloriquear. Y sin embargo esta es la obra más popular de Shakespeare dentro de las históricas, quizás porque nos sentimos atraídos hacia Ricardo por nuestro deseo compartido de ser aquella excepción que Freud señala.

Probablemente el aporte más interesante de Chiu sea la pregunta que formula: Shakespeare, ¿era freudiano? Nos informa de cómo Harold Bloom –crítico y teórico norteamericano– percibe, en 1991, la relación entre Freud y Shakespeare: "Freud debe ser visto como una versión en prosa de Shakespeare, en tanto el mapa freudiano de la mente es, en realidad, shakesperiano. Aquello que pensamos como psicología freudiana es, en realidad, una invención de Shakespeare que Freud codifica".

Recuerda que el mismo Freud declara: "Los poetas y filósofos anteriores a mí descubrieron el inconsciente; lo que yo descubrí fue el método científico mediante el cual es posible estudiarlo".
Según Bloom, para Freud, Shakespeare es el poeta más importante, pionero en investigar la mente humana; lo que Shakespeare dramatiza, Freud teoriza. Es más que probable que el gran proyecto freudiano de descubrir el inconsciente sea un intento de subrayar la observación que Shakespeare pone en boca de Enrique IV en la parte 2 de la obra homónima (Acto IV, escena v), "el deseo es el padre del pensamiento". En verdad, nuestros pensamientos nacen de nuestros deseos y esperanzas, si bien Freud agregaría, en letras rojas, a partir del inconsciente.

Norman Holland, otro crítico literario estadounidense y profesor emérito de la Universidad de Florida, sostiene que las ideas de Freud acerca de la literatura complementan sus ideas sobre la ciencia y el psicoanálisis, y que, visto así, el psicoanálisis buscaría explicar, en términos de fuerzas y pulsiones, la forma de reproducir, en el mundo interno, las leyes que vemos en el mundo externo. Agrega que Freud posibilitó la discusión científica del deseo y los sueños, así como la individualidad de la experiencia en el disfrute de la literatura, y que por eso recurre regularmente a Shakespeare en busca de ejemplos para sus descubrimientos clínicos.
Por último, y para terminar con las obras históricas en la escritura freudiana, miremos un momento el apartado "equivocaciones orales" en "Psicopatología de la vida

cotidiana".

Freud habla extensamente de la novela *El egoísta*, del inglés George Meredith, verdadero muestrario de equivocaciones orales de las cuales se desprenden con toda claridad los deseos que la protagonista no puede expresar sino en el lapsus. La novela se publicó en 1879, mientras que la Psicopatología fue escrita entre 1900 y 1901. En 1920, Freud agrega una nota al pie que reza: "Otros ejemplos de equivocaciones orales que, según la intención del poeta, deben ser interpretadas como muy significativas, y en su mayoría, como confesiones involuntarias, aparecen en el *Ricardo II* de Shakespeare y en el *Don Carlos* de Schiller…"

(Príncipe de Asturias, heredero de Felipe II de España, muerto a los 23 años en el confinamiento solitario que le impuso su padre a causa de la inestabilidad mental que padecía. Habsburgo, sucedido por Felipe III).

Ricardo II es también una obra al servicio de la política, en defensa, una vez más, del derecho al trono de los Lancaster. La trama nos convence de que Enrique Bolingbroke, duque de Lancaster, luego Enrique IV, desterrado injustamente por su primo Ricardo II, regresa antes de tiempo a causa de la muerte de su padre, queriendo evitar que las tierras y bienes que le corresponden por derecho sean confiscados para llenar las arcas reales, muy necesitadas por los costos de la guerra con Escocia. 'Inocentemente', Enrique asegura que de ninguna manera busca la corona y, en efecto, la obra muestra a un Ricardo débil, inseguro, y traicionado, que le pone corona y cetro en las manos. Destaco dos aspectos: Enrique se 'equivoca' a su paso hacia Londres desde Calais utilizando alguna vez el pronombre 'nosotros', prerrogativa de rey. No deja de ser sugestivo.

El segundo aspecto es la característica subversiva de la obra. Hasta entonces, nadie se había atrevido a decir que no basta con tener el derecho a algo –en este caso a la corona– si no se tienen también las cualidades que el puesto requiere. En otras palabras, corresponde gobernar a quien está en condiciones de hacerlo. La historia muestra algo diferente pero, una vez más, el arte del poeta se impone.

Foucault sostiene que todo es discurso o práctica discursiva. En cada época, los contemporáneos están encerrados como en peceras falsamente transparentes, ignoran qué peceras son esas, e incluso que la pecera existe. Se trata, entonces, de explicitar el discurso; es decir, llegar a su singularidad. Resulta que cualquier discurso, una de cuyas formas es la escritura, no puede sino formarse a partir y dentro de los límites de cada lengua. Si bien las combinaciones son múltiples, también son finitas, de modo que lo singular del discurso es, precisamente, lo que no está dicho; lo implícito. En *La arqueología del saber* encontramos estas líneas:

El enunciado puede no estar oculto, y pese a ello no es visible; no se ofrece a la percepción como el portador manifiesto de sus límites y de sus caracteres. Se requiere cierta conversión de la mirada y de la actitud para poder reconocerlo y considerarlo en sí mismo. Tal vez sea eso demasiado conocido que se escabulle sin cesar, tal vez sea una transparencia demasiado familiar.

Lo que Foucault no dice es que cada discurso remite a otro discurso, como lo hace también su variedad escrita, mucho más aún cuando las escrituras anteriores a la que nos ocupa están explícitamente citadas. Porque los contemporáneos se entienden entre sí dentro de la 'pecera' mencionada, Freud suponía que sus citas y alusiones llevarían al lector a evocar automáticamente aquellas otras escrituras. Nosotros, hablando en general, habitamos una pecera diferente. ¿Deberíamos seguir el recorrido de las otras escrituras con las que Freud ilustró y enriqueció su obra para completar el sentido de sus ideas? Probablemente, o quedamos flotando en la superficie, repitiendo fórmulas. Pero, volviendo a la cuestión de los límites, encontramos una diferencia fundamental entre el discurso verbal y la escritura. La segunda es una sucesión de signos sin hiato, no retrocede sin recurrir a articuladores lógico-sintácticos, y no se interrumpe para recomenzar en cualquier otro lado. Cuando la literatura experimental, sea la de Virginia Woolf, James Joyce, o William Faulkner lo intentó, en el mal llamado "fluir de la conciencia" – y digo mal llamado porque esas escrituras pretendían mostrar el pensamiento preconsciente, antes de que se codificara para construir lo que la teoría de la comunicación llama 'mensaje' – los lectores decidieron que el formato elegido era incomprensible, o casi.

Freud no fue innovador en ese punto. Se sirvió de las mejores posibilidades de su idioma dentro de las reglas gramaticales, sin descuidar la cohesión entre partes. Lo que escribió fue interpretado, reinterpretado, ampliado… A mí me interesa lo que no escribió, y no porque se le haya deslizado en el no poder decir todo que reglamenta toda lengua. Por ejemplo, en *La interpretación de los sueños*, donde Shakespeare, que utilizó muy poco los sueños, ocupa un lugar liminar, no se mencionan los dos sueños que anticipan el desenlace de *Ricardo III.* En la clase pasada, nos referimos a la etapa del autoanálisis. Y sin embargo, Freud no se limita a sus propios sueños, sino que incluye sueños de pacientes propios y de pacientes de colegas, como Otto Rank. Al respecto, sólo podemos especular. ¿Los sueños creados como artificio literario carecen de estatuto de tales? ¿No deben ser tomados en cuenta porque la transferencia está ausente? Se me ocurre que el escritor, desde Shakespeare a Poe, cuyos relatos más terroríficos emanan de sus sueños, está necesariamente en transferencia con alguien, aunque no pueda ponerle nombre. Quizá el motivo radique en que los dos sueños conspicuos por su ausencia responden a un modo de interpretación anterior, que Freud historiza para luego descartar su validez. Me refiero al valor de premonición que parecen sustentar. Aunque así fuera, uno de ellos expresa perfectamente sentimientos inconscientes de culpa, por lo cual dejo abierto el interrogante.

EL FIN DE LA TRAGEDIA

Nos vamos de la tragedia sin haber considerado muchos de los países que la produjeron en su propio siglo de oro, especialmente en el caso de Alemania. Pero dado que estas obras que no analizamos no se apartaban de los tipos que sí, pueden ustedes leerlas aplicándoles los mismos parámetros que utilizamos para la tragedia isabelina y la posterior francesa, según qué autores y épocas elijan.

¿A qué se debió la desaparición del género tal y como lo describimos? Pues a la evolución social, muy particularmente al crecimiento de las burguesías o clase media. La tragedia, clásica o moderna (es decir, s. XVI, XVII, y primeros años del XVIII) exhibe un estado salvaje de la naturaleza humana y un sometimiento a las fuerzas del destino, según el caso, que se opone diametralmente a la sensibilidad de la clase media. En última instancia, la tragedia, en tanto teatro, surge de la indignación. Es una protesta enérgica y desesperada ante las condiciones impuestas por la vida, ya sea que las decidan los dioses o la 'falla fatal' que impulsó las acciones de los héroes shakesperianos a pesar de sí mismos. Aunque se respeten formalmente los lineamientos de la estructura en todos los casos, conlleva la posibilidad y la práctica del caos, puesto que todo poeta trágico tiene en sí algo de la rebeldía de Antígona. Que luego todo entra en cauce y vuelve el orden natural no conforma al burgués. Para éste, la injusticia es tolerable en tanto que siempre es temporaria y puede repararse, mientras que el caos destruye toda posibilidad de progreso. No puede, entonces, el burgués disfrutar ni aprobar la tragedia, pues en ella un caso de injusticia individual (Hamlet, por ejemplo) altera toda una parodia de orden que no se pondría en evidencia de no ser por el accionar del héroe trágico. Un Hamlet basta para poner en evidencia la corrupción de todo un sistema, y esto le resulta intolerable a una clase media esencialmente hipócrita por motivos que es necesario buscar en la historia de su desarrollo.

Al mismo tiempo, la clase de la que hablamos adoptó como su ideal el crecimiento y la educación, por lo cual inclusive aquellas tragedias que contendrían una semilla de movimiento hacia el autoconocimiento (*Edipo, Rey Lear*) le repugnan porque se produce habiendo pagado el precio de la autodestrucción. Los personajes trágicos tienen por maestra a la calamidad y se realizan en la muerte. En este sentido, la única excepción es La Orestíada (la trilogía de Esquilo formada por *Agamenón, Las coéforas*, y *Las euménides*), y en verdad se trata de la excepción que confirma la regla.

Es en el s. XVIII que la tragedia va dando paso al Romanticismo. En parte, este movimiento reacciona contra el Iluminismo y contra un incipiente cientificismo que intenta racionalizar las leyes naturales. Y aquí sí hay que prestar atención a Alemania, su cuna, que propicia una exacerbación de emociones basadas en diferentes aspectos del terror como experiencia estética. El dramaturgo que opera la única síntesis existente entre tragedia y Romanticismo es Friedrich Schiller, un autor que jamás olvidó las diferencias entre el espíritu de su época y el que había favorecido el florecimiento de la tragedia clásica primero e isabelina después. Esto lo perturbaba, dado que no dejaba de ver la contradicción entre la tragedia y el ideal romántico; sabía bien no existe la afinidad natural entre el liberalismo y la esencia trágica. Sin embargo, su pasión por las formas antiguas lo llevaron a intentar una reconciliación artificial entre ambas, lo que lo llevó a producir obras que llamó, justamente, "tragedias de reconciliación", buscando crear un paralelo moderno con aquello que el público de su tiempo quizás aceptara, siguiendo los lineamientos de La Orestíada. Con él comienza el trabajo autoral explícito de encontrar formas trágicas apropiadas al carácter racional, optimista, y sentimental del hombre post-pascaliano. (Leer, si los convoca, *Don Carlos, La doncella de Orleans, Wallenstein, María Estuardo, Demetrius*).

Antes de ver cómo fue reemplazada la tragedia por la comedia dramática, y de recordar el advenimiento de un género literario que no despertó por completo hasta el s. XIX, recordemos algunas cuestiones para redondear lo que hemos venido trabajando artesanalmente.

En Atenas, en la Inglaterra isabelina y jacobina, y en Versalles (nuestras fuentes), las jerarquías del poder terrenal eran estables y manifiestas. La rueda de la vida social giraba alrededor de un centro conformado por la realeza o la aristocracia. De él emanaban rayos que se acercaban, hasta rozarlo, al borde de la rueda donde se ubicaba el hombre común. Esta es la configuración que demanda la tragedia. Las mismas metáforas de rápido ascenso y caída calamitosa son aplicables a Edipo y a Macbeth, en tanto son aplicables a Alcibíades, general y político ateniense que disfrutó de fama y fortuna hasta que su inconstancia política lo arrojó en un anonimato con características de muerte, y al conde de Essex, amante de Isabel I que confundió su popularidad militar con un supuesto deseo popular de que se convirtiera en rey, complotó contra Isabel, y fue ejecutado en la Torre de Londres. El destino de hombres como estos –hubo muchos– tiene importancia trágica porque se trataba de vidas públicas. Recordemos que Agamenón, Creonte, y Medea desarrollan su accionar trágico ante los ojos de la *polis*, del pueblo. De modo similar, y mirando otro aspecto, los padecimientos de Hamlet, Otelo, y Fedra comprometen el destino de sus respectivas naciones. Se llevan a cabo en el mismo centro del cuerpo político. Por eso el ámbito natural de la tragedia es la puerta del palacio, la plaza pública, o el salón de los cortesanos. La vida de los tres lugares mencionados al principio de este párrafo comparte esta característica 'pública' y 'publicitada'. Los príncipes y las facciones se enfrentan en las calles o en lugares llenos de gentes y mueren **en público**.

Cuando la clase media se convierte en el centro de gravedad de la vida social, lo público pasa a ser privado. Es labor de ustedes investigar, si les parece interesante, por qué la clase media del s. XVIII, pero más especialmente la del XIX, que es el momento de su arribo a la cima, es la más cuidadosa de las formas, la más moralista, pacata, e hipócrita. Más allá del sujeto, hay un sujeto social que tipifica esta clase y que la sustrae del espacio público en lo que respecta a su vida privada.

Y aquí despliega sus alas un nuevo género que venía desarrollándose en los márgenes, pero que se pliega al centro junto con esta clase: la novela. Y es que la novela se ocupa de la tragedia privada, puertas adentro, reflejando el mundo nuevo, racionalista y, por sobre todo, secreto en sus miserias. También es el género literario apropiado para el público de la moderna cultura urbana. Lo sobrenatural, lo mítico, la grandiosidad de los destinos trágicos quedaron excluidos de la educación y expectativas prácticas de la floreciente burguesia

Mientras tanto la comedia dramática avanza, moviéndose hacia delante y hacia atrás, y conservando el verso como su lenguaje natural, lo único que le da a veces visos de falsa tragedia, pero es una confusión de estilos. En realidad, las innumerables reescrituras que se producen de las antiguas tragedias llegan a través de la ópera. Los teatros de ópera del s. XIX rebalsan. Pero no hay que equivocar los motivos. La clase media va a la ópera para ver **al público** y ser vista a su vez. Es una regla de etiqueta y de status. Lo que ocurre en el escenario es terreno de los críticos, de los que se hacen eco los espectadores que no han comprendido, por no haber sido entrenados en la cultura que dio pie a las obras.

Se dice que el teatro contemporáneo surge en el s. XX. No es así realmente. Tiene sus primeros grandes creadores en la gran comedia dramática del siglo anterior, con Henrik Ibsen, Anton Chejov, August Strindberg y Luiggi Pirandello. Lo más extraordinario es que ninguno de estos autores proviene de los países que dieron esplendor a la tragedia. Estamos ante un noruego, un ruso, un sueco, y un italiano. Sus obras han sido etiquetadas como melodramas (la exageración de las emociones para despertar empatía en el público), aunque yo prefiero llamarlas comedias dramáticas, por haber borrado la línea divisoria entre ambos géneros. No puede decirse que estas obras ofrezcan contenidos humorísticos, sino más bien reformistas y pedagógicos. No son tragedias porque describen la vida privada, y el quehacer (etimología del término 'drama') del hombre en su ámbito privado. Obligan a mirar el entorno, pero también la realidad psíquica, y lo que tienen en común es la intención de sacudir el conformismo del burgués para que se mire al espejo y se vea tal cual es. De estos maestros surgen luego émulos en el resto de Europa. La vida de estas obras es eterna, pero como género, el siglo XX las va reemplazando con el grotesco, el existencialismo, el teatro de la ira, del absurdo, y de la crueldad. Y es que a medida que el siglo va espiralando en tecnología y cientificismo mientras pierde humanidad y grandeza, hay una carrera desesperada por mostrar alegóricamente el abismo al que se dirige el hombre.

Ya no sirven ni el Romanticismo, ni el Naturalismo, ni el Realismo. Como la radio a galena, estas formas se vuelven 'anticuadas' para la sofisticación que a estas alturas adquirió la clase media gracias a los avances de otros campos. Y los autores necesitan sacudir a los hipnotizados del letargo en el que han caído, porque ellos tienen el don de ver el más allá de las narices.

A esta altura ya sabemos que las grandes tragedias se siguen representando y leyendo porque trascienden lo contingente y muestran el arquetipo humano perenne, los dilemas de la conciencia, en suma, los universales. Sin embargo, habría que preguntarse por qué muchos autores de los siglos XX y XXI se empeñan en reescribir estas tragedias cambiándoles el sesgo, o el signo trágico. ¿No tienen ellos algo original que decir? ¿Piensan que es necesario 'modernizar' las lecturas por medio de alteraciones situacionales y lingüísticas que terminan en malformaciones aberrantes? ¿Creen que pueden 'mejorarlas'? Las reescrituras (o versiones) no interrogan los originales. Y los críticos, generalmente poco entrenados en la letra escénica, no interrogan el propósito de las reescrituras, todo lo cual va en detrimento del público, que por lo general sale de los teatros con la idea de haber visto la tragedia cuyo nombre lo convocó al teatro.

Dos autores ingleses del s. XX intentaron revivir la norma clásica y mítica volviendo a la comedia dramática en verso blanco (el verso isabelino asonante): T. S. Eliot y Christopher Fry. El primero es conocido y generalmente evitado si no se conocen sus fuentes, es decir, los clásicos. El segundo, de un talento notable, pasó de los teatros a las bibliotecas de un muy pequeño grupo de especialistas.

Entonces, creo que queda claro por qué desapareció la tragedia como forma elegible de los autores. Fue víctima de la clase media y de sus apetitos mediocres. Pero la seguimos buscando, estudiando, valorizando, porque representa aquello de nosotros que es irreductible: nuestra esencia.

OTRAS OBRAS POR LA MISMA AUTORA

FICCIÓN

Gracias por la muerte
Los gloriosos sesenta y después
El tramo final

PSICOLOGÍA APLICADA
(AUTOAYUDA)

Living With Stress
Why Can't I Make Money?
Improving Personal Relations
Reading for Personal Development

WORKING BIOGRAPHIES

Kim ki-Duk: On Movies, The Visual Language

COMPRENSIÓN LITERARIA

El Ulises de James Joyce: Una lectura posible

www.ingramcontent.com/pod-product-compliance
Lightning Source LLC
Chambersburg PA
CBHW051759040426
42446CB00007B/445